周秦少数民族研究

蒙文通 著

巴蜀书社

图书在版编目（CIP）数据

周秦少数民族研究 / 蒙文通著. -- 成都：巴蜀书社，
2019.7

（巴蜀百年学术名家丛书）

ISBN 978-7-5531-1117-9

Ⅰ . ①周… Ⅱ . ①蒙… Ⅲ . ①少数民族—研究—中国—
周代②少数民族—研究—中国—秦代 Ⅳ . ① K280.02

中国版本图书馆 CIP 数据核字（2019）第 035970 号

ZHOUQIN SHAOSHUMINZU YANJIU

周 秦 少 数 民 族 研 究

蒙文通　著

责任编辑	王承军
出　　版	巴蜀书社
	成都市槐树街 2 号　邮编 610031
	总编室电话：（028）86259397
网　　址	www.bsbook.com
发　　行	巴蜀书社
	发行科电话：（028）86259422　86259423
经　　销	新华书店
内文排版	四川最近文化传播有限公司
印　　刷	成都东江印务有限公司
版　　次	2019 年 7 月第 1 版
印　　次	2019 年 7 月第 1 次印刷
成品尺寸	130mm × 210mm
印　　张	6.875
字　　数	135 千
书　　号	ISBN 978-7-5531-1117-9
定　　价	42.00 元

本书若有印装质量问题，请与本社发行科联系调换

目　录

周秦少数民族研究

提　要

　　此编为叙述在西周末期中原西北地区（今甘肃和陕西北部）有两支不同种别的少数民族逐渐强盛起来不断侵入西周王朝的边境，这也正是周王朝衰微的时期。历史上所称的宣王中兴就是对这一威胁力量的抵抗，结果并不能改变这种局势，西周人民且有不断向东南地区淮水、汉水流域移动的倾向。公元前七八一年，犬戎就灭了西周，周平王东迁雒邑，历史上把这以后称为东周。陕西省全部渐次就为称作"西戎"的各族所占据。在关中一带地方的有荡氏、彭戏氏、丰王、亳王、邽王、冀戎等等。秦国的祖先也是西戎部族之一，这时强盛起来，从天水向东发展，灭了关中一些戎族部落，就占据了陕西地区。这时在陕西关中的一些戎族部落被迫东出潼关，一直逼近洛邑，这里有茅戎、扬拒、泉皋、伊雒之戎等部。周王朝东迁后，晋、郑是两个强大诸侯，东周是依靠这两个势力而存在。郑在今新郑，西戎至此，遂停止东向改为南进，越过外方山至于颍汝之源，称为鄤氏（又作蛮氏）。南方楚国此时也强盛起来，于是南下戎人自河南西部南迁，就是所谓阴戎、九州之戎，他们渡过汉水沿楚西境自湖北西境进入湖南。西戎另支申、吕、许诸国在周宣王时迁入今河南南阳一带，后来申又迁到今安徽寿春，吕又迁到今湖北黄州，戎人迁入这些地区以后逐渐都和楚人相融合。

当秦国在陕西境内强大以后，住在陕西北方的一支少数民族也就不得不向东迁徙，遇到了在今山西境新强盛起来的晋国，遂从晋北逐渐迁徙到今山西河北间的太行山区，国史称这支民族为北狄，分别来说，居住太行山区的叫赤狄，留居陕北较弱的一部叫白狄。赤狄最强，和晋国长期作战。公元前七世纪中期，它灭掉了当时的华夏诸侯黎国（山西黎城）、卫国（河南淇县）、邢国（河北邢台），此时齐桓公霸业正盛，但齐桓公只能迁邢、卫于黄河以南筑城驻守，于是黄河以北河内一带皆为狄人所据。狄人因不能渡过黄河，于是西向侵入周境灭了温原等地，并挑起襄王兄弟内讧，狄人势力控制了东周王朝。这时晋文公返国，大大强盛起来，于是出兵勤王，收复了温和卫所失之地，狄人退出河内东渡黄河侵扰齐、鲁、宋诸国，兵力到达今山东境内，为赤狄最强之时。赤狄是一个联盟组织，潞氏最强，为联盟之主，与余部甲氏、留吁、铎辰、廧咎如等散居山西、河北、山东一带，势如长蛇。晋人用离间之策使联盟分裂，并在公元前五九四年灭了潞氏、甲氏诸部，仅存白狄居于晋西。晋国用魏绛和戎之策以后，白狄自陕北来到太行山区，建立了鲜虞、肥子、鼓子等国。肥、鼓后为晋所灭。鲜虞最强，曾再败晋师，至战国时为中山国，地方五百里，公元前三一八年与赵、魏、燕、韩相约同时称王，史称"五国相王"。战国初，魏文侯曾一度灭亡中山，不久中山又复国，到赵武灵王数攻中山，到公元前二九五年为赵、齐、燕所共灭。这一狄族对华夏地区的侵扰前后达五百年，终于渐渍于华夏文化而相融合。

序

　　文通研究周秦民族，始于一九二七年冬，时任教于成都大学，初由《左传》略见西戎、赤狄、白狄先后迁徙之迹，既泛滥群籍、搜讨故实以相佐验，乃粗明其事。即以所得资料一教于开封，再教于北京。一九三六年任教天津，以顾君颉刚之促，始写成《犬戎东侵考》《秦为戎族考》，继又写成《赤狄白狄东侵考》《古代民族迁徙考》，刊布于《禹贡》，国内外学人多以余言为缪。嗣以芦沟桥事变，京津沦丧，因挈婴孺避居意租界，偕三弟思明寓谢君戍生家。痛外患日炽，国土沦陷，念平昔所学多未写出，惧不得卒业，遂楗户写作，先将周秦民族所研得者并所成四考合写为一编，凡四十余日初稿始毕。时连镇、高唐间喋血方酣，乃从海道至青岛转开封、汉口返蜀，以淞沪寇氛亦急也。余既归蜀，教于四川大学，此稿复经修改者再。颉刚入蜀，惠余以之出版，而当时拟作年表及地图，未得成，事遂中辍。一九五七年夏，余至北京，时科学研究之要求甚亟，颉刚复以出版事相商，余遂以此编与《古地甄微》《先秦史学史》《老子王注校本》《老子征文》数稿以应。三十年间所写成者仅如此，余之驽顿不足以言治学，其惭恧为何如！然此编随余舟车南北跄踉烽炬间二十余年，惴惴焉常恐毁失，今遂得举其全稿以求教于海内方闻之士，则固一大幸也。忆昔属稿之初，正外寇方炽之际，侵我东北，侵我热河，侵我长城，进窥华北，继之以启衅芦沟，肆虐淞沪，金戈遍于南北，国之危亡若在旦夕，痛国是之日非，悯沦亡之惨酷，遂乃发其愤激之情于戎狄，呵斥訾謷，几于满纸。而今则敌寇已降，失土尽复，海内一统，固若金汤，宇内殊俗异语之族，悉乃同胞兄弟之伦，则昔日诋娸之辞多有过当者矣。初拟修改而后付手民，然一一而改之，其繁难几同重写，时不我暇，故姑仍其旧。谨叙其撰写之端委并志余过，幸读者鉴谅。

一九五七年六月蒙文通序于北京

第一 周民族之南移

西周末年之旱灾

西周末造，一夷夏迁徙之会也。而迁徙之故，殆原于旱灾，实以于时气候之突变。《诗·雨无正》，"刺厉王也"（从郑玄说），诗曰："浩浩昊天，不骏其德。降丧饥馑，斩伐四国。"《随巢子》云："厉幽之时，天旱地坼。"《御览》引《史记》云："十四年大旱，火焚其屋，伯和篡位立；秋又大旱。"《通鉴外纪》云："二相立宣王，大旱。"此应据《竹书纪年》文也。知厉王时饥馑为困，自伯和之篡，至宣王之立，为一长期旱灾。皇甫谧言："宣王元年天下大旱，二年不雨，至六年乃雨。"此固可惊之事也。《诗·云汉》，"美宣王也"，诗曰："旱既太甚，涤涤山川，旱魃为虐，如惔如焚。"《诗·鸿雁》，"美宣王也，万民离散，不安其居，而能劳来还定安集之"，诗曰："鸿雁于飞，肃肃其羽，之子于征，劬劳于野。"知宣王时亦患旱灾，而人民离散。《召旻》，"凡伯刺幽王大坏也"，诗曰："瘨我饥馑，民卒流亡，我居圉卒荒。"《楚茨》，"刺幽王也，田莱多荒，饥馑降丧，民卒流亡"，知幽王时亦以旱灾而人民流徙。《诗·中谷有蓷》，"闵周也，凶年饥馑，室家相弃"，疏云"平王之时"。《葛藟》，"刺平王也，周道衰，弃其九族"，诗曰："终远兄弟，谓他人父；谓他人父，亦莫我顾。"知平王时亦以旱灾而人民之流亡犹昔也。厉宣幽平凡历一百五十余年，而旱灾与人民之流徙不绝于诗，此国史上一大故也。《谷风》之诗刺幽王曰："习习谷风，惟山崔嵬，无草不死，无木不萎。"则于时旱灾之烈尤为可惊。

近世考新疆气候者，以为"时有变迁。在两汉时期，雨量充足。自东晋以迄唐代，雨量骤减。至北宋（十世纪）及元代末叶（十四世纪），雨量又略增进。在南宋（十一世纪）及明代中叶（十五世纪），天气又复亢旱"。竺藕舫氏验中国本部历史上之气候，以为"第四世纪旱灾之数骤增，而雨灾之数则骤减。自晋成帝咸康二年迄刘宋文帝元嘉二十年，一百又八年中，竟无一次雨灾，而旱灾则达四十次，岂非第四世纪天气亢旱乎？余则雨灾少者为十五世纪，至十六世纪，旱灾之数为各世纪冠"，以证新疆气候在四世纪与十五世纪骤然干燥之说的为可信。

美人达克勤氏以松柏年轮之厚薄定往昔雨量之多

寡，谓"四世纪以后雨量骤减，至十世纪末雨量稍增，越五十年又减，以至十二世纪末叶。至十四世纪初期，雨量复增。但自十五世纪又锐减，以迄十六世纪初叶"。则是欧美近二千年之雨量亦与中国略同。奥人白路克纳亦谓"十二、十三两世纪，欧洲温度较低，而十五世纪之温度则较高"。是皆欧美历史上气候之变迁，与中国不相远。竺氏又言："据在西美各州古木年轮之测量，断定西历纪元前九六〇年左右，周穆王时代，为雨量丰沛时期。而纪元前七八〇年左右，周宣王时代，为干燥时期。"则《随巢子》《竹书纪年》《帝王世纪》及《诗》三百篇所载，信为巨灾。

江域雨泽独丰

西周末年，虽中国罹此大旱，而长江流域，似实未受此旱灾之影响。《诗·谷风》，"刺幽王"，曰："习习谷风，惟山崔嵬，无草不死，无木不萎。"知于时灾祸之巨。古代汉族皆繁殖于黄河流域，当时中国北方必罹旱灾可知。《通鉴外纪》引《竹书纪年》："孝王七年冬大雨雹，牛马死，江汉俱冻。"江汉之冻，足征南方之温度反低而气候寒，则南方之雨量或丰，未受北方旱灾之影响。竺藕舫氏谓："南宋时代，黄河流域雨量虽减退，而长江流域雨量则反增加。"又据印人华葛谓："朝鲜、南满、黄河下游之雨量，依日中黑子之数增加而减退。长江下游之雨量，则依日中黑子之数增加而增进。"依竺氏统计，谓"南宋一代日中黑子之多，为自晋迄明所未有"，知于时长江流域雨量增加为不误。至日中黑子之多则谓"以地面温度之减低"。竺氏又依终雪期之统计，云："自南宋高宗讫于理宗，共有四十次之春雪，则当时温度特别低减，故日中黑子特别增多。依冬春雪之多少，可知当时风暴之途径。风暴由长江流域入海，则风来自北，温度低而多雪。如风暴掠截黄河流域入海，则风来自南，温度高而无雪。"西周末年之气候，较之南宋之气候颇觉相似。竺氏谓："奥国人白路克纳，以西亚里海海面之升降，而推定纪元前八〇〇年左右，周厉宣诸王时，为湖面（里海为湖）最高时期。即雨量丰沛时期。"而王以中氏口译亨丁顿书，以"里海属于日中黑子多而雨量亦多之地带"。则西周之末，中国黄河流域大旱，而长江流域则气候寒而雨泽丰，故江汉冰冻，牛马以死。《洪范五行传》曰："周幽之败也，日晕再重，一黑尽上下通在日中。"此殆即于时日中黑子之记载，尽上下通在日中，则黑子之盛也。唐庆臻《中国经济思想史》称英经济家及逢斯倡太阳黑点理论，以为"太阳倘有黑点出现，即为农业歉收之象征，将由是而引起其他经济事业之衰落。一循环之距离为十年"。即泼曼倡论谓："经济循环一来复，占时凡十二年。"《史记·货殖列传》载计然之言经济循环云："岁在金穰，水毁，木饥，火旱，六岁穰，六岁旱，十二岁一大饥。"白圭之言曰："太阴在卯，穰，明岁衰恶。至午，旱，明岁美。至酉，穰，明岁衰恶。至子，大旱，明岁美，有水。至卯，积著率岁倍。"中西诸儒先后研究之结果，于经济循环所占之年数，意见颇能一致。计然所言当然不及近世经济学说之详密。然以二千年前之人，于经济变化循环之至理，乃能洞若观火，其识见之度越寻常，岂可思议。计然与及逢斯之能意见一致，盖同据太阳中黑子之考验。斯亦足验证东迁前后，为日中黑子多之时也。合东西之考察与记载观之，则有以见西周末年，长江流域雨泽固丰，故宣幽之世，尽力于开拓淮汉之域，而大移徙国人于此土也。民卒流亡，西北空虚，则以西周之人，逐雨泽先已东南迁也。

《黍苗》之诗曰：

> 芃芃黍苗，阴雨膏之。悠悠南行，召伯劳之。我任我辇，我车我牛。我行既集，盖云归哉？我徒我御，我师我旅。我行既集，盖云归处？肃肃谢功，召伯营之。烈烈征师，召伯成之。原隰既平，泉流既清。召伯有成，王心则宁。

此固言车牛徒御，以移徙于谢。平原清泉，阴雨黍苗，则有丰年之乐，足以安居。谢在南阳，为汉水流域，故曰"悠悠南行"也。《崧高》之诗，"美宣王能建国亲诸侯，赏申伯"，诗曰："王命申伯，式是南邦。因是谢人，以作尔庸。王命召伯，彻申伯土田。王命傅御，迁其私人。"又曰："王遣申伯，路车乘马。我图尔居，莫如南土。"此正言宣王迁申伯于谢，而命召伯营之，与以车马而迁其私人，阴雨清泉，已非旱魃所能为虐。时和岁丰，此周之所以迁其人于南邦者乎？则淮汉之域，雨泽正沛，而民之流亡者乐归之，事足验也。

宣幽继世南向移民

西周之末，以北方大旱而淮汉流域丰稔之故，人民流徙自然趋于南方。周室盖亦以开拓南方，移民淮汉为职志。《左传》昭十六年，子产曰："昔我先君桓公与商人皆出自周，庸次比耦，以艾杀此地，斩之蓬蒿藜藋而共处之。"则幽王之时，郑已东徙，固无俟于骊山之祸。《郑语》："桓公问于史伯曰：'王室多故，其何所可以逃死？'史伯对曰：'其济洛河颍之间乎？'桓公曰：'南方不可乎？'又曰：'谢西之九州何如？'"皆其汲汲欲南之意。《史记》言"桓公于是卒言于王，东徙其民雒东"，是周未东迁之先，而郑于桓公之世已东徙也。《襄十四年传》戎子驹支曰："谓我诸戎，是四岳之裔胄也。赐我南鄙之田，狐狸所居，豺狼所嗥，我诸戎剪除其荆棘，驱其狐狸豺狼，以为先君不侵不叛之臣。"夫伊雒之间，王畿之近地，陆浑之戎来居之，已荆棘之墟而豺狼之窟，其旷废若是也。戎之东接于郑，郑之始来，亦曰"艾杀此地，斩之蓬蒿藜藋"，则雒东之荒莽犹戎之居也。郑之东接于宋，《左氏》哀十二年传曰，"宋郑之间，有隙地焉，曰弥作、顷丘、玉畅、嵒、戈、锡"，则自郑而东，犹隙地也。夫晋之略秦，则"东尽虢略"，周之锡郑，则"与之武公之略，自虎牢以东"。伊雒河济之间，皆沃土而开化独早之地，乃荆棘生之，荒凉已甚，岂以旱灾之故，民之流亡者已多欤？地旷人稀，故以之为虢郑之略耶？关中厥田上上，周郑且不居，其情又可想也。

《黍苗》之诗："悠悠南行，召伯劳之。""肃肃谢功，召伯营之。"《召旻》之诗："昔先王受命，有如召公，日辟国百里；今也日蹙国百里。"辟国百里，惟召穆公开拓淮汉足以当之，非召康公事也。曰："申伯之功，召伯是营"，"于邑于谢，南国是式"，此召穆公之有事于汉。《江汉》之诗，"召穆公平淮夷也"，曰："江汉之浒，王命召虎，式辟四方，彻我疆土。"又曰："率彼淮浦，省此徐土。"此召穆公之有事徐淮。此所以为"日辟国百里"，而宣王之功亦宏矣。《左氏》昭四年传："周幽为太室之盟，戎狄叛之。"岐阳之蒐，涂山之会，太室之盟，等论齐功，则幽王盖亦欲力征四夷者。《诗·苕之华》，"闵幽王之时，西戎东夷交侵中国，师旅并起"。《何草不黄》，"下国刺幽王也，四夷交侵，用兵不息"。《渐渐之石》，"下国刺幽王也，戎狄叛之，荆舒不至，乃命将率东征"。宣王惟定徐淮，而幽欲平荆舒，则用兵规模益远也。《小雅》之诗："鼓钟将将，淮水汤汤。"《故训传》谓"幽王会诸侯于淮上"，朱右曾以"幽为太室之盟，颍水出太室而入于淮，意太室会后，遂浮颍而入淮"。《十月之交》，"刺幽王"，诗曰："皇父孔圣，作都于向，择三有事，亶侯多藏。不慭遗一老，俾守我王，择有车马，以居徂向。"幽王方用兵于荆舒，皇父为濯征徐国之帅臣，则向宜在淮上。《春秋》襄十四年"会吴于向"，于今为怀远县东北四十五里，当即其处，召伯营谢，皇父作向，其事一也，故择有车马以徙之。下篇《雨无正》之诗曰"谓尔迁于王都，曰予未有室家"，又曰"正大夫离居"，皆为迁向之事。郑笺云："尽将旧在位之人，与之皆去，无留卫王。又择民之富有车马者，以往居于向。"知徙者为王官（用孔疏说）。笺又云："作都立三卿，皆聚敛之臣，礼畿内诸侯二卿。"尤见三卿非畿内采邑之制。诗曰："胡为我作，不即我谋。彻我墙屋，田卒污莱。曰予不戕，礼则然矣。"笺云："女何为役作我，不先就与我谋，使我得迁徙，乃反彻毁我墙屋，令我不得趋农田。此皇父所筑邑人之怨辞。"则当时作役之浩大亦可知也。

《诗·大东》，"刺乱也，东国困于役而伤于财"，诗曰："小东大东，杼轴其空。纠纠葛屦，可以履霜。"又曰："东人之子，职劳不来；西人之子，粲粲衣服；舟人之子，熊罴是裘；私人之子，百僚是试。"岂以作向立三卿皆聚敛之臣，遂至东土之耗斁若斯，而反以奉西人之奢逸耶？《常武》之诗曰："不留不处，三事就绪。"皇父作向，而"择三有事"，则宣王惟竟武事，不留不处。至幽而后择车马以迁之，以皇父成召虎未竟之功。此周之专力于淮汉也。《左氏传》曰"宋萧亳实杀子游"，谓宋万弑闵公于蒙泽事也。宋都睢阳，其东南境最阔，包有彭城，春秋之初，萧亳已入于宋。萧为附庸，亳则颛顼之后，国于蒙者也。则宋之辟地于淮，当在未入春秋之先。知周室既衰，宣幽两世所经略者已毕入于宋。此其东南境所以拓地最远者耶？

第二　西戎东侵

猃狁东侵

西晋以荒歉兵战之余，人民流徙，而羌胡之祸兴。周亦同然，而猃狁、畎戎以构难。猃狁者实荒裔之族，而侵暴中夏。殆即后之所谓塞种者也。《广弘明集》七引荀济《论佛表》云："《汉书·西域传》，塞种本允姓之戎，世居敦煌。为月氏迫逐，往葱岭南奔。"是允姓之戎，即塞种也。吴承志氏以允姓之戎，为猃狁之后。王静安氏以隗姓之狄，为鬼方之后。说皆可从。若然，则猃狁即塞种也。张骞言："乌孙王号昆莫，本与大月氏俱在祁连敦煌间，匈奴西边小国也。月氏攻夺其地，人民亡走匈奴。单于以其民众与昆莫使将兵，令长守于西城。时月氏已为匈奴所破，西击塞工，塞王南走远徙，月氏居其地。昆莫遂西攻破大月氏，大月氏复西走徙大夏地，昆莫略其众，因留居。"《汉书·西域传》言："乌孙本塞地也，大月氏西破走塞王，塞王南越县度，大月氏居其地，后乌孙击破大月氏，大月氏西臣大夏，而乌孙居之，故乌孙民有塞种。"又言："大月氏西君大夏，而塞王南君罽宾，塞种分散往往为数国。"塞种屡迁，而月氏皆夺其地，塞王南走印度，而月氏旋亦至焉。《水经注》："罽宾之境，有盘石之磴道。行二千里许，方到悬度。"《后汉书注》引《西域传》："悬度者，石山也。在皮山国以西，罽宾国之东也。"则月氏之居祁连敦煌，谅亦为塞种故地。《王会》言："正西昆仑狗国鬼亲，正北空同大夏月氏。"是月氏自北来，然后夺塞王地，居敦煌，则荀济以塞种即允姓戎，居敦煌，说自可依。此《汉书》，当是华峤、薛莹辈书也。允姓之戎西迁为塞王，则周之猃允为塞种之祸自明。《穆天子传》言："毕人告戎曰'陵翟来侵'。天子使孟念如毕讨戎。"陵翟即允狄即猃狁，此猃狁之初至也。《匈奴列传》言："至懿王时，戎狄交侵，中国被其苦，诗人疾而歌之，曰：'靡室靡家，猃狁之故。岂不日戒，猃狁孔棘。'"周室猃狁之祸自是而炽。曰"岂敢定居，一月三捷"，王室威灵犹振也。又言"宣王命将征伐，诗人美大其功，曰'薄伐猃狁，至于太原。出车彭彭，城彼朔方'，是时四夷宾服，称为中兴"，是异于《毛诗》古文，以《采薇》《出车》为文王诗也，故《人表》亦以南仲召虎次周宣王世。《六月》之诗言吉甫，《出车》之诗言南仲，而《采芑》之诗又言"显允方叔，征伐猃狁"，明宣王之世将命者非一人。曰"昔我往矣，黍稷方华"，曰"六月栖栖，戎车既饬"，则出师者非一次。《通鉴外纪》惟言"宣王三十四年王征猃狁"，未知刘氏本之何书。而金文《虢季盘》言："惟十二年正月初吉丁亥作宝盘，丕显子白，博伐猃允，于洛之阳。"张石洲依罗次球以四分周术推之，周世惟宣王十二年建子月之三日为丁亥。《兮甲盘》："唯五年三月既死霸庚寅，王初格伐猃允。"王静安氏亦推算为当宣王世。《不嫛段》："唯九月初吉戊申，伯氏曰猃允广伐西俞。"此周先后伐猃狁之可考者。事非一次，盖与《诗》同。《史记·周本纪》《十二诸侯年表》皆不言宣王伐猃狁事，惟一记姜氏之戎。《范汉书》言："宣王立，四年使秦仲伐戎。后二十七年（即三十一年），王遣兵伐太原戎，不克。后五年（即三十六年），王伐条戎、奔戎。王师败绩。后二年（即三十八年）戎人灭姜侯之邑。明年（即三十九年），王征申戎破之。后十年，幽王命伯士伐六济之戎。"（济或浑字之误）章怀注云："并见《竹书》。"此记宣王伐戎事颇悉，亦不言猃狁。则此之言条戎、奔戎、申戎者，即南仲吉甫方叔异时以伐之猃狁也。《周语》："宣王三十九年战于千亩，王师败绩于姜氏之戎。"《竹书》以三十九年伐申戎，则申戎即姜氏之戎，即申侯也。戎灭姜侯之邑，或即申侯。申先败于戎，而宣遂克之。斯则猃狁可考见者有三国。塞种之来盖并鬼方、犬戎而属之，故隗姓之赤狄亦号猃狁；亦并姜氏之戎而属之。于后陆浑允姓之戎既至伊雒，亦并先至之扬拒、泉皋、犬戎而属之。陆浑之戎亦有姜氏，而晋灭之陆浑子则为允氏，亦以塞种之最强，能并犬戎姜戎而属之，先后一也。

《六月》之诗："猃狁匪茹，整居焦获，侵镐及方，至于泾阳。"郭注《尔雅》云"焦获为池阳县瓠中是也"，在陕西泾阳县西北。此允姓之族自瓜州东南下，及宣王世已侵入关中。曰"整居"，则已建牙焦获也，于是北侵镐方，南逼泾阳，是其游骑四出，所渐者广；而丰镐之间，四郊多垒。王先谦言：

> 猃狁居泾东之焦获，逼近周京，纵兵四出，蹂躏方镐泾阳之地。当日周廷命将，以方叔统重兵扼驻泾西，屏蔽京邑。吉甫自泾阳进兵镐地，南仲筑城于方，猃狁首尾受敌，遂大奔窜。于是吉甫追至太原，南仲移兵西戎，克获而归，扬雄所云"宣王命将攘之泾北"也。自镐地而至太原，追逐千数百里，功亦伟矣。

于是周之六飞既出，挞伐大张，至于太原，则已逐猃狁于太原之外，故周得料民于太原也。然后周与申戎约为婚媾，召伯营谢而迁申焉；以怀柔之策，施离间之图，于是猃狁不复能为中国祸。奔戎、条戎以远窜，遂不复见。惟姜氏之戎，于其盛时，来战于千亩，则逼王畿之近地。《周语》言：“宣王不藉千亩，虢文公谏，弗听。三十九年战于千亩，王师败绩于姜氏之戎。”是明以千亩之战，即不藉之千亩，此礼言天子千亩诸侯百亩者也。奈何说者纷纷，以晋州岳阳河西介休解之乎？

《毛诗·出车·序》言：“西有昆夷之患，北有猃狁之难。”郑注《尚书》亦言：“南仲一行，并平二寇。”殆二寇之祸，并在一隅，故陈奂《诗疏》以猃狁居泾水之阳，而西戎居泾水之西。则西申者，即泾西之戎乎？《圻父》之诗，见王之爪牙亦在行陈，至是而周亦耗斁也。及周之东，允姓之奸复来渭汭，东及辖辕。则北至太原，南至伊雒，而塞种亦因散居其间，陆浑既灭，此来自瓜州之族，乃澌灭不复存矣。

《左氏春秋》桓二年：“初，晋穆侯之夫人姜氏，以条之役生太子，命之曰仇。其弟以千亩之战生，命之曰成师。”《史记·晋世家》言：“穆侯七年伐条，生太子仇。十年伐千亩有功，生少子名曰成师。”若此穆侯十年千亩之战，即宣王三十九年之战于千亩，征申戎破之。则穆侯七年伐条，适为宣王三十六年之伐条戎奔戎。符验若兹，则周晋于此二战，两国共之审矣。然以《年表》考之，晋穆侯十年为周宣王之二十六年，校之三十九年，差十余年。故宋人于周晋伐条及千亩之事，皆先后分别书之。然此固史公之误也。《汉书·地理志》引臣瓒曰：“郑桓公寄帑与贿于虢郐之间，幽王既败二年而灭郐，四年而灭虢，居于郑父之丘，是以为郑。"而《水经·洧水注》引《纪年》曰："晋文侯二年，同惠王子多父伐郐克之，乃居郑父之丘，名之曰郑。"傅瓒为躬校《竹书纪年》之人，其说固取之《纪年》，文则相合。是《纪年》以幽王既败之二年，即晋文侯之二年，盖文侯与平王同元也。考之史公《年表》，晋文侯之元年，为幽王之二年，所谓幽王既败之二年，乃当于文侯十二年。史公纪晋文侯之年，已先于《竹书》者且十年。于是条及千亩两战，周晋隔越者，亦十数年。《后汉书》《水经注》所引之《竹书》能自相同，而史公序两国事乃违异也。

犬戎猃狁与太原

穆王迁戎太原，而太原遂有戎祸，宣王又伐猃允至于太原，太原系于戎夏之废兴亦重矣，而释太原者，纷纭莫定。顾炎武言："朱子以今太原阳曲县即《诗》之太原。案求太原当先求泾阳所在。《后汉书》段颎破先零羌于泾阳，注：泾阳属安定，在原州。《郡县志》原州平凉县，汉泾阳地，则太原即今之平凉；后魏立为原州，取古太原名尔。"胡渭说："汉安定郡治高平，唐为原州，后徙治平凉，故州今固原州也。"胡氏所论，视顾尤悉。然犬戎与周相终始，本居近地，岂徙戎太原而后来固原耶？盖欲求太原，应先求镐方，王肃以为镐京。王基驳云："下章'来归自镐，我行永久'，故刘向曰：'千里之镐犹以为远。'"盖此诗之方即《出车》之方。《出车》曰："王命南仲，往城于方。""天子命我，城彼朔方。"知方即朔方。《郡县志》："夏州朔方县什贲故城，《诗》所谓城彼朔方。"则今榆林西北二百里废夏州城（在内蒙古自治区杭锦旗界内）。朱右曾言："赵武灵王筑长城，自代并阴山下，至高阙为塞。《汉书》元朔五年卫青伐匈奴，出朔方高阙。《史记正义》称：'《地理志》：朔方临戎县北有连山，险于长城，其山中断，两峰俱峻，名为高阙。'高阙其镐与？"临戎城在废夏州西北也。朱氏以朔方高阙说此镐方，于义最谛。镐方既皆在废夏州，知太原即汉五原地，而六国之九原也。朱氏以六国秦赵之九原言太原，不犹愈于以后魏之原州证太原乎？《海内北经》言："有人曰大行伯，把戈，其东有犬封国。"又言："犬封国曰犬戎。"《地理今释》曰："下文云'贰负之尸在太行伯东'，贰负之尸所在，当与贰负之臣所梏之疏属山相近；大行伯在其西，应在疏属山西北，今内蒙古鄂尔多斯中前后三旗境中。'大行'当读为'大衍'，谓'大沙衍之地'。"此亦赵九原地，谓犬戎迁九原，正与《海内北经》合，此犬戎于穆王迁后之新地，以朱说为最确也。

近世说太原者，恒依违于《尚书》《春秋》而不敢决，致多违戾，是盖有义焉。《禹贡》冀州所纪，实雍州之太原，曰"壶口，治梁及岐，既修太原，至于岳阳"，此言壶口而西之所至也；梁岐皆雍州渭北之山，大原则九原（即唐之原州，亦近是），岳阳则《尔雅》所谓"河西岳"，即岍山也。曰"覃怀底绩，至于衡漳"，此言壶口而东之所至也；所谓清漳浊漳者也。安在《禹贡》冀州有太原耶？《左氏》昭元年经："晋荀吴帅师败狄于大卤。"《传》曰："晋中行穆子败无终及群狄于太原。"杜注："大卤，太原晋阳县。"古《经》作"大卤"而《传》作"大原"，《公羊》《穀梁》之《经》则皆作"太原"。《公羊传》曰："此大卤也，曷为谓之太原？地物从中国，邑名从主人。"何休注曰："以中国形名言之，所以晓中国，教殊俗也。"则以群狄之至，而冀州有大卤之名，旧史仍之；新史以地物从中国之例，译之曰太原。故公羊子曰"原者何，上平曰'原'"，正释地物之义。穀梁子称"《传》曰：中国曰大原，夷狄曰大卤，号从中国，名从主人"。又《穀梁》襄五年传："会吴于善稻，吴谓'善'伊，谓'稻'缓，号从中国，名从主人。"是则中国译"伊缓"而后有"善稻"之名，译"大卤"而后有"大原"之名。晋阳得名大原，自狄之来晋北始，安在西周以往，冀州得有太原耶？以春秋以下晋之太原说西周以往雍州之大原，其误自郑注《禹贡》始，则以习于近闻而不审其实，沿讹袭非，遂迷误千载而不能正。王静安氏至说"太原兼汉太原、西河、河东三郡地"，吕诚之氏至说"猃狁獯育，古代已与汉族杂居大河流域，实无本居塞外之证"，倘皆由说太原未谛之故，致所谓"薄伐西戎"者为东戎，"荒服不至"者为畿甸也。

姜戎南侵

《周语》："宣王三十九年，战于千亩，王师败绩于姜氏之戎。"以《范书·西羌传》计之，正为宣王征申戎之年。此为本之《竹书纪年》。夫姜氏之申戎，正《诗》之申伯，史之申侯也。《左氏正义》引《竹书纪年》言："平王奔西申"，此自为平王母家。《西山经》有申山，有上申之山，有申首之山，申水出焉。《地理今释》云："申首之山，今甘肃中卫县南雪山山脉，东趋直至陕西葭州河岸为申山上申之山之首干，故曰申首也。上申之山，宜是米脂县北葭州西榆林县东诸山，芦关岭北支至此，故曰上申也。"毕注：申山"即今陕西安塞县北芦关岭"。则安塞米脂以北，西连中卫，为申戎之国，所谓西申也。《圻父》之诗郑笺云：

"此勇力之士，责司马之辞也。爪牙之士，当为王闲守之卫，女何移我于忧。谓见使从军，与姜戎战于千亩而败之时也。"《赵世家》言："造父六世以下至奄父。周宣王伐戎为御，及千亩战，奄父脱宣王。"此见于时申戎之强而祸之亟。虽爪牙之士，千亩之战，亦在行间。曰"脱宣王"，其不为骊山之祸亦仅矣。《扬之水》言"戍申""戍许""戍甫"，亦平王之母家，知邑谢之申，即平王所奔之西申，而申戎之徙于南者。曰"戍许""戍甫"，则宣王徙申，至平王时而许、吕亦在南土，是亦从申之后而南移者也。《国语》："宣王既亡南国之师，乃料民于太原。"唐固曰："南国南阳也。"盖宣王以南阳之师，用之四方而亡殁，故料太原之民以任战。则以南阳既耗，故迁申吕以实之也。

《周本纪》言："申侯与缯、西夷、犬戎攻幽王。"《秦本纪》言："西戎、犬戎与申侯伐周，杀幽王。"曰西夷，曰西戎，曰犬戎，则攻周者宜非一族。《郑语》史伯曰："申缯西戎方强，王室方骚。"又曰："缯与西戎方将德申，申吕方强。"则灭周者实申吕与缯，而犬戎附从之。《竹书纪年》言："先是申侯曾侯（曾旧误作鲁）及许文公，立平王于申。"知许亦从申吕而灭周者。此皆所谓姜氏之戎者。惟申能大败周于千亩之近地，故其力足以灭周也。宣王迁申及诸姜于谢，亦犹穆王之徙戎太原。缯之与许，谅亦西戎，惟缯事不稍概见。《左氏》哀四年传："楚谋北方，致方城之外于缯关，为一夕之期，袭梁及霍，围蛮氏。"缯关在裕州，今为方城县，地近鄀氏与申，此为伐周之缯故国无疑，知亦踵申之后，于鄀氏之前，出镮辕而南徙于此。盖姜戎诸国，亦本在周之西北。及宗周灭后，则皆率其族类，南徙汝汉，而关中之地，惟犬戎来居之。及入春秋以后，而申吕许缯，又益南至江淮，而汝汉之域，犬戎又来居之。鄀处梁霍，缯处方城，申处南阳，以地道审之，盖缯之南走，当踵申吕之后，而在犬戎入伊雒之前可知也。《薛尚功钟鼎款识》有曾侯钟，云："惟王五十有六祀，徙自西阳，楚王酓（酓即熊字）章作曾侯乙宗彝，置之于西阳。"薛注："方城范氏，得之安陆，铭云'惟王五十六祀楚王酓章'，按楚惟惠王在位五十七年，又其名为章，此钟为惠王作无疑。"此臣属于楚之曾侯，当即居于方城之缯。此器得之安陆，则缯于楚惠王时已去方城而居于楚境今之安陆，是更南徙也。《汉书·地理志》西阳国属江夏郡，即此铭之西阳。西阳故城，在今黄冈县东。黄安、麻城，皆汉西阳地。此缯已由汉北而南至江上也。《缀遗斋金文》有吕王鬲，云"吕王作尊"。旧释云："吕即甫，申甫二国地皆近楚，后并为楚所灭，今湖北黄州府有吕王城是。"申吕同在南阳，缯在方城。《左氏》庄六年传："楚文王伐申。"盖申入楚而曾吕皆以南迁，此姜戎之族遂去豫而入荆。《左氏》昭十三年传曰："楚之灭蔡也，灵王迁许、胡、沈、道、房、申于荆焉。"知申入楚而申犹存，灵王迁之，是亦小国之君。吕曾亦历久犹存。吕之称王，犹丰王、亳王、大荔、义渠之王之例，更证其为西戎君号。方氏疑吕不称王，误也。《诗·扬之水》曰"戍申"，曰"戍甫"，曰"戍许"，许亦姜姓太岳之胤，其居许昌，当亦犹申吕之徙南阳，不必为前代之封。许至灵公徙叶在南阳，悼公迁夷，实城父，则又东入淮也。《左氏》昭四年传："楚子以诸侯灭赖，迁赖于鄢。楚子欲迁许于赖，使公子弃疾城之而还。冬，彭生罢赖之师。八年，楚灭陈。九年，楚迁许于夷，实城父，取州来淮北之田以益之；迁城父人于陈，以夷濮西田益之；迁方城外人于许。"夷在安徽亳州西，入楚曰城父，许即迁此，夷濮西田在州西。《水经注》："夏肥水上承沙水，东南流径城父县故城，《春秋》所谓夷田在濮水西者也。"盖许之入淮，楚迁之。《寰宇记》言："黄歇封春申君，在寿州，为齐所侵迫，徙都于吴，开申浦。"寿州有申名，倘许入淮而申亦入淮也。《晋书地道记》："新蔡有太吕亭，故吕侯国。"是许入淮，吕亦入淮也。迁方城外于许，则许旧居之叶也。楚之灭蔡，在昭十一年，而许胡沈申又迁。《左氏》昭十八年传："楚迁许于析，实白羽。"在河南内乡县西北。定四年传："许迁于容城。"《水经注》："南郡华容县，《春秋》'许迁于容城'是也。"应劭亦云然。于是许在华容，吕在黄州，姜戎之族遂并入江，而申曾之属亦悉入楚境，诸戎南徙，此为最遥。《韩非子·说难》言："郑武公欲伐胡，先以其女妻胡君以娱其意。关其思以为胡可伐，武公怒而戮之。胡君以郑为亲己，遂不备郑；郑人袭胡取之。"此邻郑之胡也。襄二十八年有胡子，始见于《春秋》，国在安徽阜阳县西北，此胡逼于郑而南徙也。楚之灭蔡，许胡同迁，定十五年楚灭之。胡子，归姓，或即弦子之隗姓欤？为戎为夏不可知。而襄昭之间，顿、胡、沈、赖，江淮之间乃有新见之国，亦与于晋楚会盟，或非先之所有也。益后逐渐居滕薛杞郳（小邾）之上（如定四年会召陵），倘亦如胡之微而复兴，由北徙南者欤？若顿于今为河南商水县，即故南顿城。应劭曰："顿迫于陈，其后南徙，故号南顿。"明自北来也。钱坫以"沈即聃国"，顾栋高以"河南商城县之赖即湖广随州之厉"，是皆迁移之可见者。由许胡之事观之，盖无可疑。而蔡自上蔡而新蔡，而下蔡，又其显焉者也。《左氏》桓十一年传："郧人将与随绞州蓼伐楚师。"杜注："蓼国，今义阳棘阳县东南湖阳城是。"文五年传："楚灭蓼。"杜注："蓼国，今安丰蓼县。"宣八年传："楚伐舒蓼灭之。"正义云："蓼灭后更复，故楚今更灭之。"舒蓼即蓼，安丰之蓼，亦即义阳之蓼可知。故《太康地记》言："蓼国先在南阳故县，今豫州郾县界胡城是。"则有先在之蓼，后徙之蓼，更复之蓼，一也。此蓼之由汉北入淮南，而楚再灭之。金文颇有彔器，彔当即是蓼。《太保殷》言："王伐彔子。"《彔伯敦》言："彔伯戎作朕皇考厘王宝尊敦。"此彔固称王，而周则曰伐彔子，则彔之为戎狄可知。亦犹吴楚称王，而中国固名之曰子之比。《矢命殷》亦言："唯王于伐楚伯，在炎。"则楚彔又皆称伯也。夷狄称王，自为恒见。春秋徐子，在金文有郐王庚、郐王糧、郐王子旃，亦有郐王义楚锯。金文僭有王号而莫可考者甚众，自皆为夷狄。舒即徐字，蓼入淮称舒蓼，即徐蓼，亦僭称王也。

犬封古国

《海内北经》有犬封国。又言"犬封国曰犬戎"。此犬封之戎，谓之犬戎也。范书本《竹书纪年》言："穆王西征犬戎，取其五王以东，遂迁戎于太原。"取戎五王，知犬戎于时之盛也。然犬戎先居何地，而后迁之以东？《穆天子传》记穆王西征，由宗周至于阳纡，"犬戎胡觔天子于当水之阳"。穆王东还，由阳纡至于宗周，"犬戎胡觔天子于当首之阿，曰'雷水之干'"。以西征之道，验东还之道，曰钘山，曰当水，曰郇人，曰渗泽，去来皆经之，则自是一道，知雷水即当水，而澡泽即渗泽。穆王东还既过铚山，"南征翔行，径绝翟道"。近翟道之铚，即径山也。曰"河宗之子孙郇伯"，曰"天子舍于漆泽，乃西钓于河"。则郇邦渗泽，遂接于河。足明岍之北，河之南，即当水所在，犬戎居之。是盖汉安定界。自《穆传》五卷之首，错简入四卷之末，又错漳水呼沱二简于一卷之首，以东征之文与盟门九河相连属者，乃杂于西巡蠲山铚山之间，于是说犬戎在雁门者有之，在河东者有之。穆王徙之，取五王以东，则一部离安定而东出者也。前世学者或谓"犬戎本国在西宁西北之树敦城"。夫"犬戎树惇"，岂谓城耶？北周唐世所谓树敦城，夫何预犬戎之事？自夏以至西周之末，犬戎世为邠岐之患，其必属于周之近地可知。鬼方狁允未来之先，北则追貉，西则犬戎，固未为中国之大害，盖本非荒远慓猾之族，未足与鬼方狁允比也。

《范汉书》言："后相即位，乃征犬夷。后桀之乱，犬夷入居邠岐之间。"周自后稷封邰，在武功，而畎戎入居邠岐之间，则周几于不国。娄敬说："后稷封邰十余世，公刘避桀居豳。"《毛诗故训传》言："公刘居邰，而遭夏人乱，乃避中国之难，遂平西戎而迁其民，邑于豳焉。修其疆埸，民事时和，国有积仓，张其弓矢，秉其干戈戚扬，以方开道路，去之豳，盖诸侯之从者，十有八国焉。"平西戎邑于豳，则平者犬夷，而遂夺之邠地。以时犬戎方入居邠岐之间，故曰"周道之兴自此始"，以平犬夷也。曰"我先王不窋用失其官，而自窜于戎狄之间"，周未去邠，而失官窜于戎狄，则以犬戎之陵暴中夏，故后相征之，七年然后来宾，戎强而周几为之臣服，此周之失官也。盖其兴其废，固莫不与犬戎相关。自殷征鬼方而犬戎之事不复见，王季俘鬼戎二十王后，鬼戎衰而犬戎复见于文王之世，知鬼方之来，已服犬戎而据其国，故鬼方之居即犬戎之居也。孟子曰："太王居豳，狄人侵之。"而《范汉书》言："武乙暴虐，犬戎寇边，周古公逾梁山而避于岐下。"于时鬼戎方炽，盖率犬戎以侵周，不尔则蔚宗之谬也。《尚书大传》言："文王受命，四年伐畎夷。"又言："散宜生之犬戎氏，取美马，凡九六焉。"则以鬼方既溃而犬戎复炽。《帝王世纪》言："昆夷伐周，一日三至周之东门。文王闭门修德，而不与战。"盖犬戎之强也。《国语》言："穆王将征犬戎，祭公谋父谏曰：'今自大毕伯士之终也，犬戎氏以其职来王，吾闻夫犬戎树惇，能帅旧德而守终纯固，其有以御我也。'王不听，遂征之，得四白狼四白鹿以归，自是荒服者不至。"韦昭曰："大毕伯士，犬戎氏之二君也。"于是犬戎犹未叛周，乃穆王耀兵，而远人遂以渐贰。及迁之太原，而后中国北边遂有戎祸。《竹书》言："夷王命虢公率六师伐太原之戎，至于俞泉，获马千匹。宣王遣兵伐太原戎不克。"此即犬戎迁太原而又叛者也。猃狁既来，犬戎盖亦属焉，故又没而不见。周逐猃狁至太原之外，而二寇殆皆慑服。及骊山之祸，犬戎卒覆宗周，则以猃狁崩散而犬戎又炽也。

犬戎东侵周地

周自穆王西征犬戎，得四白鹿四白狼（见《周语》），获其五王以东，遂迁戎于太原（见《穆天子传注》及《后汉书·西羌传》征《竹书纪年》），而太原遂为祸梗；卒之覆宗周者即犬戎。此犹汉处匈奴于西河，徙羌虏于关中，魏迁氐种于秦川，卒之毒中于永嘉。周晋之祸，可谓异世同符也。《范书·西羌传》征《竹书纪年》云："王遣兵伐太原戎不克，后五年王伐条戎奔戎，王师败绩。"则《诗》之所纪，容有张皇过甚之辞。《周本纪》言："宣王三十九年，战于千亩，王师败绩于姜氏之戎。宣王既亡南国之师，乃料民于太原。"则周室之已惫矣。夫宣王中兴之际，而千亩之战，王师卒败绩于姜氏之戎，则西戎之势固未挫。幽王承戎人五败王师之后，《范书》云："命伯士伐六济之戎，军败，伯士死焉。"注谓见《竹书纪年》，则戎势已炽矣。《周本纪》言："申侯与缯西夷犬戎攻幽王，遂杀幽王骊山下，尽取周赂而去。"遂终致此滔天之祸也。《本纪》云："平王立，东迁于雒邑，辟戎寇。"夫肇骊山之祸者申与犬戎，立平王者亦申与犬戎。犬戎既尽取周赂而去，不必即据有周土，王略犹未阙也。《左传正义》引《竹书纪年》云："申侯鲁（疑"曾"字之误）侯许文公立平王于申，以本太子，故称天王。幽王既死而虢公翰又立王子余臣于携，周二王并立。二十一年，携王为晋文侯所杀，以本非适，故称携王。"《左传》王子朝亦云："携王奸命，诸侯替之，而建王嗣，用迁郏鄏。"是幽王之祸，而周遂有二王。至二十一年，然后晋杀携王。则于时周之分争对立，历时已久。盖离石之焰已张，而颖越之兵未戢。《秦本纪》言："秦襄公将兵救周，平王封襄公为诸侯，赐之岐以西之地，曰：'戎无道，侵夺我岐丰之地，秦能攻逐戎，即有其地。'与誓封爵之。"襄公救周，则党于幽而敌于平。犬戎党于平而夺平地，秦敌于平而襄公将兵送平，而平封爵之，皆事之必不然者。谅其实秦亦攻幽王。自犬戎既去，二王并立，而戎夺周地。携王已衰，然后平王命秦攻戎，于事乃合。《匈奴列传》言："犬戎杀幽王骊山下，遂取周之焦获，而居于泾渭之间，侵暴中国。"是骊山之祸，周已失焦获，犹保岐丰。曰"戎无道，侵夺我岐丰地"，事更在后，殆二王并立之时。则周土之沦于戎，其时可求也。盖秦襄公以

十二年卒，当平王之五年。襄公伐戎至岐，文公十六年
又伐戎，遂有周地，岐以东献之周。文公十六年，当平
王二十一年，正晋杀携王时也。是秦晋之兵合，而戎与
携王皆败。岂携王之前此亦仇秦而敌戎？平王五年戎已
在岐，而秦襄伐之。二十一年然后携王为僇。则携王之
败于戎者已久。周失岐酆，应在平王五年之前，周之东
迁未久也。平王赐秦岐酆，而襄公伐戎至岐，是以戎伐
戎也。《秦本纪》言："文公以兵伐戎，戎败走，于是
收周余民有之，地至岐，岐以东献之周。"周之西土，
东迁之后，尚得至岐，则渭域之地犹未失。《左氏》
庄二十一年传："王巡虢守，虢公为王宫于玤，王与之
酒泉。"此当周惠王之四年，秦宣公之三年也。酒泉在
澄县，为滨洛之地，明洛川之地，东迁之后亦未尽失。
戎有周岐丰地，而秦（文公）逐之。宁公武公以来，东
向伐戎，灭国者众，而不见有周之旧封，则秦自文公逐
戎后，而戎益东，渐逼河外，而关中周地尽矣。则周失
洛川，文公以后事也。殆皆戎得之周，而秦又得之戎，
关河沦陷，固非一朝之祸也。明渭川洛川于东迁后犹未
失，则猃狁犬戎之祸，自穆王宣王以来，皆在泾水一道审
矣。东迁之初，西虢固一大国。下阳在河北，上阳在河
南，即虢略也。酒泉在河西，控桃林之塞而为固，以股
肱周室。卒之彭戏大荔之戎过酒泉入河西，茅津之戎、
徐吾之戎逼下阳而处在河北，阳拒泉皋之戎逼上阳而处

在河南；咎皆虢之失职，亦由隐之元年以来，虢人侵晋之役不息，未遑西顾，地削于戎，而秦遂坐收其弊也。

秦为戎族

《秦本纪》称申侯言："昔我先郦山之女，为戎胥轩妻，生仲潏，保西垂。"班固《律历志》称张寿王治黄帝调历，言"化益为天子，代禹。骊山女亦为天子，在殷周间"。仲潏生蜚廉，善走，以材力事殷纣。则郦山之女，固在殷周间，当即张寿王所谓骊山女为天子者也。殷周之间，中国安得有天子曰骊山女，斯其为西戎种落之豪欤？故《史记》言"仲潏在西戎"。郦山之女为戎胥轩妻，《正义》言"胥轩，仲衍曾孙也"，知胥轩为名，胥轩曰戎，自非夏族，此秦之父系为戎也。《左传正义》引《古竹书纪年》云"平王奔西申"，盖以别于邑谢之申，则申侯者西申也。范蔚宗引《古竹书纪年》云"宣王征申戎破之"，是也。则申侯之先，骊山之女，亦当为戎，此秦之母系亦为戎也。《周书·王会》正北方"西申以凤鸟"，考《西山经》有"申山"，毕注"即今陕西安塞县北芦关岭"；有"上申之山"，毕注"即陕西米脂县北诸山"；有"申首之山，申水出于其上"，毕注"案其道里，当在陕西榆林府北塞外"。西申之所在，应在陕北，密迩安定，故召犬戎共为祸梗也。《赵世家》言："蜚廉有子二人，曰恶来，恶来弟曰季胜，季胜生孟增，是为宅皋狼。皋狼生衡父，衡父生造父，幸于周缪王。造父取骥之乘匹，与桃林温骊骅骝绿耳，献之缪王，缪王使造父御，西巡狩，乃赐造父以赵城。"《穆天子传注》引《古竹书纪年》云："穆王时北唐之君来见，以一骊马，是生骒耳。"《竹书》以骊马骒耳之献为北唐之君，《赵世家》以为献自造父，则造父即此北唐之君。《周书·王会》云"北唐戎以闾"，孔晁注曰："北唐，戎之在西北者。"则仲潏造父以来，于西周为北唐戎。此秦同族之赵亦为戎也。见秦之为戎，固自不疑。

《春秋公羊传》曰："秦者夷也，匿嫡之名也。"何休说："嫡子生不以名，令于四境择勇猛者而立之。"此秦之非诸夏之族，公羊氏有其说也。《春秋穀梁传》曰："狄秦也，乱人子女之教，无男女之别。"商君亦言："始秦戎狄之教，父子无别，同室而居，今我为其男女之别。"此秦以戎狄之教，穀梁氏有其说也。《管子》言："桓公西征，攘白狄之地，至于西河，而秦戎始从。"秦之称戎，《管子》有其说也。《左氏春秋》言臧文仲闻六与蓼灭，曰："皋陶庭坚不祀，忽诸。"使秦系出柏翳，则臧孙辰不应于秦之尚强，而曰庭坚不祀。又楚人灭江，秦伯为之降服出次，曰："同盟灭，虽不能救，敢不矜乎？"江黄皆嬴姓，春秋之时，同姓为重，秦伯于江不曰同姓而曰同盟，是秦非皋陶之胤，《左氏》有其说也，太史公徒以秦之嬴姓，遂以为伯益仲衍之后，乃于仲衍至仲滴之世系不能言，又不纪戎胥轩事。于是秦为西戎之说，遂由史迁而泯。骊山女在殷周间为天子事，史家更无述及者也。

秦即犬戎之一支

骊山女在殷周间为天子。彼时西戎之强者，前则鬼方，后则犬戎，力足以侪天子之号，非此莫属。《秦本纪》言："西戎犬戎与申侯伐周，杀幽王郦山下。"《周本纪》言："申侯怒，与缯西夷犬戎攻幽王，遂杀幽王骊山下。"《括地志》云："骊山在雍州新丰县南十里。"《土地记》云："骊山即蓝田山。"此骊山之名，与骊山女必有相联之关系。然殷周时西戎之天子，不容得在蓝田山，谅骊山原在西裔，此骊山之女号所由始。及其既入关辅，而新丰因有郦山之名。亦如陆浑之戎出瓜州，及既至伊川，而伊川之山以陆浑名。大荔在泾漆之北，及既至临晋，而临晋得大荔之名。《国语》言"幽灭于戏"，《左传疏》引《纪年》亦云"幽死于戏"，则亦以犬戎之事，而后戏有骊山之名。是杀幽王之犬戎，即郦山女之族；亦即郦山女与秦皆犬戎之证也。骊山女为天子，《庄子》言古天子有骊连氏，或作骊畜氏，殆即作骊山女耶？《王会》云："正西狗国鬼亲。"王肃云："狗国，犬戎也。鬼亲，鬼方也。"《山海经·海内北经》有"犬封国曰犬戎国，状如犬"。秦自大骆以来居犬丘，西戎灭犬丘大骆之族，庄公伐西戎破之，居其故西犬丘，倘犬丘之名，与犬戎亦实有相联之关系耶？况于殷周间在西戎为天子，自非犬戎之强莫属也。虢公败犬戎于渭汭，败戎于桑田，而伊雒之戎遂同伐王城。盖犬戎至新丰，而新丰始有郦山之名。再至渭汭，渐遂东出，此正郦山女之胤，始至伊洛之杨拒泉皋之戎也。（晋献公伐骊戎，韦昭云："西戎之别在骊山。"以骊戎为骊山之戎可也，谓骊戎在新丰则未必。或即犬戎之去新丰而东者，献公伐之。是时晋之兵决不得逾河西远至渭南。及晋取阴戎而地有侯丽，此徙于伊洛之戎即犬戎，而与郦山女相涉者也。）

《国语》有穆王征犬戎得四白狼四白鹿事，而范蔚宗取《纪年》文云："穆王西征犬戎，获其五王以东（"以东"二字从《穆传注》引），遂迁戎于太原。"则犬戎之盛，种落实繁，遂有五王。以《秦本纪》核之，襄公元年有丰王，宁公三年有亳王，厉共公二年有大荔王，三十三年有义渠王，孝公元年有貘王。诸戎之王，其见于秦者五，殆即穆王所迁犬戎之五王欤？穆公三十四年有戎王，或即此五王之一，则以穆王徙之近塞，而戎卒覆周，遂充牣于关中也。骊山女既为天子，其子孙有国之多，事所必然。《秦本纪》言："穆王以赵城封造父，由此为赵氏。"造父固为北唐之君，亦即季胜之旧国，而赵城又为新封，此亦犹秦与犬丘并立而有国。《穆天子传》："自赤乌氏北征赵，济于洋水。"洋水，漾水也。《汉·地理志》云："陇西氐道，《禹贡》养水所出，至武都为汉。"《穆传》又言："赤乌氏先出自宗周，太王亶父封其元子吴太伯于东吴。"则赤乌之吴，即《封禅书》之吴岳，《尔雅》之岳山也，实为岍山。太伯之奔，固在于此，岍山漾水之间，造父之赵，本国于此，与秦比连，为西犬丘密迩之地。徐广说，"赵城在河东永安县"，此于周为耿，后为蒲州河津县。晋献公灭耿以与赵夙居之，而后耿有赵名，不得即造父之居也。

昆夷与羌族

《匈奴列传》言，冒顿"后北服浑庾、屈射、丁灵、鬲昆、薪犁"。"浑庾"，《汉书》作"浑窳"，《史记》又作"熏育"，作"荤粥"。是匈奴既盛，而浑庾为之属，安在熏育即为匈奴？《吴越春秋·太伯传》云："古公为狄人所慕，熏鬻戎妬而伐之。"则熏粥与狄又显然为二也。孟子言"太王事熏鬻，文王事昆夷"，并举别言，固自不为一国。自应劭、晋灼、韦昭、颜籀之徒，为荤粥、猃狁、匈奴为一之说，扬其波者，于鬼方、猃狁、畎戎无往而非一，则大悖也。《山经》《王会》于诸戎皆并举言之，种落各别，岂谓一族哉。《梁伯戈》言伐鬼方，《盂鼎》言伐鬼方，《兮伯盘》言王初格伐严允，《虢季盘》言博伐严允，则鬼方严允二名，金文分别言之，未常渻矣。《伐戎剑》记"戎无道，陷虐我丰"，此与平王命襄公辞合，自为犬戎，则名亦自有别。金文与传记皆分别名之，岂可谓为一种一国耶？余盖别证匈奴之属于义渠，义渠灭而匈奴兴，明匈奴之别起于西北。崔浩云："西方胡皆事龙神，故名大会处为龙城。"严安言："深入匈奴，燔其龙城。"此亦匈奴本为西胡之证也，太王居豳而事熏粥，此亦见熏育之在西北。而《五帝本纪》言"黄帝北逐熏育，合符釜山"者自不足信。宋衷《世本注》云："鬼方于汉则先零羌也。"此鬼方之在西北。而干宝注《易》云"鬼方，北方国"，又不足信也。《诗》云："赫赫南仲，猃狁于夷。"又云："赫赫南仲，薄伐西戎。"则猃狁亦在西北。而以荤粥、鬼方、猃狁、匈奴并起北方者，此亦因习见秦汉间事而误。其说始自史迁，此又言古戎狄事者一大悖矣！《左氏》昭四年传司马侯曰："冀之北土，马之所生，无兴国焉。"浑育、鬼方、猃狁之强，苟如马班所谓"居于北边"，则冀之北土，岂无兴国乎？

《尚书·禹贡》于雍州云："织皮昆仑，析支，渠搜，西戎即叙。"颜氏曰："昆仑，析支，渠搜，三国名也。"阎若璩言："昆仑国盖附近昆仑山者。"张骏时酒泉太守马岌上言："酒泉南山，即昆仑山之体；周穆王见西王母乐而忘归，谓此山也。"《汉志》金城临羌县西有弱水昆仑，《括地志》谓在"酒泉县南八十里"。今酒泉西南昆仑山，即古昆仑，地固然也。司马彪以"西羌者析支以西，滨于河首左右居也。河水屈而东北流径析支之地，是为河曲"。应劭曰："《禹贡》析支在河关之西，羌人所居，谓之河曲羌。"斯析支在河曲也。《穆天子传》穆王既觞于西王母，东还道中云"至于巨搜之人"，此即渠搜国。地虽难确指，然在昆仑之东可知也。而《隋书》本裴矩《西域图记》云："铍汙国都葱岭之西五百余里，古渠搜国也。"则西戎之国，有历世久而远徙葱岭之西者。《广弘明集》七引荀济《论佛表》云："《汉书·西域传》塞种本允姓之戎，世居敦煌，为月氏迫逐，往葱岭南奔。"则瓜沙之族，远徙葱岭之西者，月氏大夏之先，古有渠搜及允姓之戎，不必独疑于渠搜。则西戎之裔，非徒后渐居关中，且有及葱岭之外者。曰"文王事昆夷"，当即昆仑之裔。《郑笺》言："混夷，夷狄国也。见文王之使者，将士众过己国，则惶怖惊走，奔突入此柞棫之中，甚困剧也。是之谓一年伐混夷，成道兴国。"《史记》

言："自陇以西有绲戎。"则至秦缪之世其族犹有存者。杨恽谓"安定山谷之间，昆夷旧壤"，则亦近于犬戎之国。

《左氏》言晋人执戎子驹支曰："来！姜戎氏。秦人迫逐乃祖吾离于瓜州。"《地理志》杜林以为"敦煌郡即古瓜州"。是瓜州之戎，来居伊洛；绲戎内侵，亦其事也。曰"王师败绩于姜氏之戎"，实为申戎。诸姜昆戎申戎陆浑之戎入居函夏者众，而蹙蹀鬼方猃允之间。《诗》曰："混夷駾矣。"《说文·口部》引作"犬夷"。《史记》言："自陇以西，有绵诸绲戎。"《汉书》作"绵诸畎戎"，郑说亦谓"畎夷，混夷也"，是犬戎即昆戎。襄十四年晋执戎子驹支曰："来！姜戎氏。乃祖吾离被苫盖蒙荆棘以来归我先君，我先君惠公有不腆之田，与汝剖分而食之。"则西戎固是耕稼之族。《范汉书》曰："西羌之本，出自三苗，姜姓之别。"证以"羌"之即"姜"，则后时之羌盖为犬戎之族。范书又言："羌无弋爰剑亡入三河间，诸羌共畏事之，爰剑教之田畜。"则羌亦耕稼之族。陶贡南君谓："范书言'爰剑与劓女遇，遂成夫妇。女耻其状，被发覆面；羌人因以为俗'。而《左氏》言：'辛有见被发而祭于野者，曰："不及百年，此其戎乎？"'以应扬拒泉皋伊雒之戎陆浑之戎先后入伊川，则诸姜氏犬戎为被发，与羌同俗也。"则犬戎之族，宜即羌种。（《范汉书·西羌传》言："西羌之本，出自三苗，姜姓之别也。其国近南岳。及舜流四凶，徙之三危。"其《南蛮传》言："犬戎之寇，帝患其侵暴，帝有畜狗，其毛五采，名曰槃瓠。"《魏略》亦言："得物大如茧，俄化为犬，其文五色，因名槃瓠。"则夷俗所传，南蛮而事涉犬戎，西羌亦事涉三苗，知三苗犬戎西羌，夷俗固言其同系。）《尚书》言"分北三苗"，又言"窜三苗于三危"。郑玄言："苗民九黎之后，分流其子孙为三国。"《水经注》言："三危在敦煌县南。"而昆仑、析支、渠搜三国，皆地近敦煌。苗之分三，即此三国耶？（《书·序》："西旅献獒。"郑玄注："獒读为豪。西戎无君，名强大有政者为酋豪也。"金文《羌伯段》武羌有眉敖。则郑说为有证。而春秋楚有堵敖、若敖、霄敖、郏敖。是西旅敖名，羌楚共之。同系之说，或不诬也。）犬戎以地邻岐邠，自夏以来与周交接最繁。盖以耕稼之人，虽久接中国，未遽为边陲之巨祸也。

非子邑秦与犬丘

《秦本纪》言：

> 仲潏在西戎，保西垂，生蜚廉，蜚廉生恶来。恶来革

早死，有子曰女防，女防生旁皋，旁皋生太几，太几生大骆，大骆生非子。以造父之宠，皆蒙赵城，姓赵氏。非子居犬丘，好马及畜，善养息之。犬丘人言之周孝王，孝王召使主马于汧渭之间，马大蕃息。孝王欲以为大骆适嗣。申侯之女为大骆妻，生子成为适。于是孝王……分土为附庸，邑之秦，号曰秦嬴，亦不废申侯之女子为骆适者，以和西戎。

骊山女既为天子，其子孙必自有国，不自秦始。孝王邑非子于秦，亦不废申侯之女子为骆适者，则骆适子成所袭犬丘，为仲潏以来之旧土，而非子为新邦，子成非子，固二国并立。僖之十八年，"秦取梁"。《都城记》云："耿嬴姓国。"又云："梁伯嬴姓之国，与秦同祖。"此西方之嬴，与东方之熊嬴无涉。《春秋繁露》曰："梁内役民无已，使民比地为伍，一家亡，五家杀。"此亦秦什伍连坐之法，是其同祖不疑。则骊山女后有封土者自不仅一秦也。《秦本纪》：

秦嬴生秦侯，秦侯生公伯，公伯生秦仲，秦仲立三年，周厉王无道，诸侯或叛之，西戎反王室，灭犬丘大骆之族。周宣王即位，乃以秦仲为大夫诛西戎，西戎杀秦仲。秦仲立二十三年死于戎。有子五人，其长者曰庄公。周宣王乃召庄公昆弟五人，与兵七千人，使伐西戎，破之，于是复予秦仲后及其先大骆地犬丘并有之，为西垂大夫。庄公居其故西犬丘。

自西戎灭犬丘，而大骆之土为墟，至庄公破西戎并有犬丘地，而秦与犬丘二邦遂合为一。曰复予秦仲后大骆犬丘地，知犬丘既亡，秦仲之死，而秦亦灭。庄公并秦犬丘一举而复之，合两邦为一，秦之始强，自庄公始也。于是去秦而居犬丘。犬丘，仲潏以来之根据地也。王肃言："秦为附庸，世处西戎。"仲潏以来，庄公以下，尚居犬丘，远在西鄙群戎之间，亦足见秦实为戎，而起自西裔也。《正义》曰《水经注》云："秦庄公伐西戎破之，周宣王与大骆犬丘地。"《括地志》云："泰州上邽县西南九十里，汉陇西郡西县是也。"此据《水经·漾水注》"杨廉川东南流径西县故城北"之文。而徐广说"非子居犬丘，今槐里也"。此据《世本》"别居槐里"之文。班固言："右扶风槐里，周曰犬丘，懿王都之。"则秦安得都之？西戎安得灭之？此以槐里犬丘当西垂犬丘之误耳。非子邑秦，徐广说"今天水陇西县秦亭"，于今为清水县，则犬丘又在秦州西南也。

秦取犬戎岐丰

《郑语》桓公问于史伯曰："姜嬴其孰兴？"对曰："夫国大而有德者近兴。秦仲齐侯姜嬴之俊也，且大，其将兴乎？"秦仲以附庸之封而死于戎，不可谓大。《诗正义》言："《年表》秦仲以宣王六年卒（死于戎）。"桓公问史伯之时，乃在幽王九年，在庄公并犬丘后，则可以当大国，倘史伯所谓秦仲则庄公也。《秦本纪》：

> 庄公居其故西犬丘，生子三人，其长男世父。世父曰："戎杀我大父仲，我非杀戎王，则不敢入邑。"遂将击戎，让其弟襄公。庄公立四十四年卒，襄公立。戎围犬丘世父，世父击之，为戎人所虏，岁余，复归世父。七年，西戎犬戎与申侯伐周，杀幽王骊山下，而秦襄公将兵救周，战甚力，有功。周东徙雒邑，襄公以兵送周平王，平王封襄公为诸侯，赐之岐以西之地。与誓封爵之。襄公于是始国，与诸侯通使聘享之礼。十二年，伐戎而至岐，卒。生文公。文公元年，居西垂宫。三年，文公以兵七百人东猎。四年，至汧渭之会，即营邑之。十六年，文公以兵伐戎，戎败走。于是文公遂收周余民有之，地至岐，岐以东献之周。

见秦自秦仲庄公以来世与戎战，凡九十二年。由襄公救周伐戎，至是凡二十二年，而秦遂胜戎。《匈奴列传》言："襄公伐戎至岐，始列为诸侯。"《汉·地理志》言："襄公将兵救周有功，赐受岐酆之地，列为诸侯。"《诗序》："终南，戎襄公也，能取周地，始为诸侯。"班《地理志》："右扶风武功太一山，古文以为终南。"终南在岐东，知襄公已有岐东地。《郑语》："秦景襄于是乎取周土。"自秦取周土而势已强也。《帝王世纪》言："秦襄公二年徙都汧。"《括地志》云："在陇州汧源县。"此汧首也。《括地志》云："郿县故城在岐州郿县东北十五里。毛苌云：'郿，地名也。'秦文公东猎汧渭之会卜居之。即此城。"此汧尾也。秦势益强则益徙而东。世父居犬丘，襄徙汧首，文徙汧尾，以剪诸戎。曰"戎无道，侵夺我岐酆之地"，则周之东而宗周之地入于戎。襄文伐戎，皆戎处东而秦处西，明秦之起于群戎之中以兴。王静庵据《虢季子白盘》谓："猃狁寇周及泾水之北，周伐猃狁在洛水之阳，泾洛二水上游，悬隔千里，下游始相近，则泾阳洛阳，皆当在二水下游。"遂易西戎为东寇，以说宣王时事，谓猃狁入寇在洛之下游，而定太原在河东，以抑固原之说。然酒泉正洛川下游地，宣王时已逼于寇，安得惠王时犹属之周？洛源出白于山，泾之东源近焉，又乌有县隔千里之说？而又未考于西洛，何必定洛即漆沮。况王氏所据《不娶殴》曰西俞，曰䎱，曰高陵，而说西俞高陵在周西。王氏以洛即䎱，安在即漆沮之洛，而必为东西二道入寇乎？张琦言："泾阳华阳皆其称号，非必封邑。《秦纪》昭二十一年泾阳君封宛。"泾阳封在宛，则王氏之疑亦可释也。至汉之池阳，晋惠帝时始析置泾阳，以说周之泾阳又未可也。

秦取犬戎洛川

《秦本纪》："五十年，文公卒，竫公子立，是为宁公。宁公三年，徙居平阳，遣兵伐荡社。三年，与亳王战，亳王奔戎，遂灭荡社。十二年，伐荡氏取之。"《帝王世纪》言："宁公二年徙居平阳，今扶风郿之平阳亭是也。"司马贞以为"西戎之君号曰亳王，其邑曰荡社"。正义曰："按其国盖在三原始平之界。"而秦襄公以女弟缪嬴为丰王妻。亳王丰王，皆宗周既灭而戎之渐居泾渭之会者也。《秦本纪》："宁公立十二年，三父废太子而立出子，出子六年，三父复贼杀出子，立故太子武公，元年伐彭戏氏，至于华山。"正义曰："戎号也，同州彭衙故城是。""十年，伐邽冀戎，初县之。十一年，初县杜郑，灭小虢。"《汉·地理志》："陇西有上邽县。"应劭曰："即邽戎邑。"又天水郡有冀县，京兆有郑县杜县。《括地志》云："下杜故城在雍州长安县东南九里，古杜伯国。华州郑县，宣王封弟于咸（当作"械"）林之地，是为郑桓公，秦皆得县之。""故虢城在岐州陈仓县东四十里。"正义又云："小虢，羌之别种。"则自宁公居平阳，而秦势日东，遂取荡氏。武公东伐彭戏，县杜郑，西伐邽冀，县小虢，而疆土日辟。《说文》："亳，京兆杜陵亭也。"则县杜为荡氏之地，以秦已灭亳王也。杜在长安南五十里。而彭衙故城为今白水县东北六十里彭衙堡，知县郑为彭戏氏地，以秦伐彭戏，至于华山，正当郑封。盖郑之故地，彭戏取之。杜之故地，荡氏取之。今秦灭二族，故又取而县之。信乎周人畿内之地失之戎，而后戎又失之秦也。《秦本纪》又云："二十年，武公卒，立其弟德公，德公元年初居雍城大郑宫，卜居雍，后子孙饮马于河。梁伯芮伯来朝。"《括地志》云："岐州雍县南故雍城。"《都城记》云："梁伯国，嬴姓之后，与秦同祖。"郑玄云："芮，周同姓之国，在畿内，为王卿士者。"《括地志》云："同州韩城南二十二里少梁故城，古少梁国。南芮乡故城，在同州朝邑县南三十里，古芮伯国。"则于时秦之力已及于洛东渭南，大河以西，皆声灵之所被也。按秦自文公襄公以上，所与战伐者统曰戎，倘戎之初来，合而为一，势犹未分。文公以下，宁公武公之世，所与战伐者，不曰戎而曰荡氏，曰彭戏，曰邽，曰冀，曰小虢，皆戎之别也。倘戎于襄文之间，已由合而分欤？襄公以缪嬴妻丰王，而伐戎至岐，则秦之于戎，亦施以间离之术，而戎遂败。文公得岐西地而岐东献之周，宁公而来，诸戎以次芟夷，悉就破灭，而皆在岐东。则戎败而后分裂东窜，故岐东周又失之戎也。至是则戎日替而秦日胜。观秦自襄文以后，东向用兵，所剪伐者皆戎，则知周关中之地，已渐尽于群戎之手。畿内旧封，靡有存者。关河以西之地，戎取之周，而秦又先后取之戎也。

秦晋交逼群戎

《秦本纪》："德公二年卒，子宣公立。宣公四年，与晋战河阳胜之。十二年，宣公卒，立其弟成公。成公元年，梁伯芮伯来朝。成公立四年卒，立其弟缪公。缪公任好元年，自将伐茅津胜之。"刘伯庄云："戎号也。"《括地志》云："茅津在陕州河北县西二十里。"自宣公战河阳，缪公伐茅津，则秦兵已渡河而东也。《晋世家》言："献公五年伐骊戎。"韦昭云："西戎之别，在骊山。"《土地记》以"骊山即蓝田山"。则大河东西，秦晋已兵相接。武公之十一年时县杜郑，成公三年而晋灭霍耿魏，此晋献公之十六年也（《秦本纪》系此于武公十三年误，此依《年表》）。其二十二年又灭虞虢，秦缪公之五年也。其二十年而秦灭梁芮。秦之境日辟而东，晋之境日辟而西。自河阳之战以来，而秦晋之事日亟。《晋世家》言："当此时晋强，西有河西，与秦接境。"郤芮之赂秦也，则曰："请以晋河西之地与秦。"韩原之战，惠公曰："秦师深矣，奈何？"《左氏》纪惠公赂秦，曰"南及华山"。则洛川华山，实秦晋错壤处。晋有河西，则势优于秦，其间小国，吞噬略尽。《后汉书》言："及平王之末，周遂陵迟，戎逼诸夏。自陇山以东，及乎伊雒，往往有戎。于是渭首有狄獂邽冀之戎，泾北有义渠之戎，洛川有大荔之戎，渭南有骊戎，伊雒间有扬拒泉皋之戎，颖首以西有蛮氏之戎。"《史记·匈奴列传》言："当是之时秦晋为强，文公攘戎狄居于河西圁洛之间，号曰赤狄白狄。秦穆公得由余，西戎八国服于秦。故自陇以西有绵诸绲戎翟獂之戎，岐梁山泾漆之北有义渠大荔乌氏朐衍之戎。"秦之四围，固已包乎群戎之间。秦晋益强，辟地日广，东西交逼，而其间散居之族，莫能抗衡。《左氏春秋》庄之三十二年，狄伐邢，此晋献公之十五年也。闵之元年，晋灭霍耿魏，狄伐卫，虢公败犬戎于渭汭，则献公之十七年也。僖二年，虢公败戎于桑田，献公之十九年也。僖之五年，晋灭虞虢。僖十一年，伊洛扬拒泉皋之戎同伐京师。十九年，秦灭梁芮。二十二年，秦晋迁陆浑之戎于伊川，以秦人迫逐吾离于瓜州，惠公归自秦而诱以俱来者也。自戎处关中，秦迫逐于西而戎日东。晋迫于东，则戎不知所以自存。伐邢伐卫，此狄之东窜太行也。败于渭汭于桑田，而戎东走伊洛也。自迁陆浑之戎，上距秦取荡氏已六十年，此秦之逼而东也。自迁陆浑戎距晋城蒲屈凡三十年，此晋之逼而西也。此三十年中，正秦晋日强，东西交逼，而戎狄分道逃逬，驰突诸夏，横决之祸，于斯始也。

犬戎侵入伊雒

自秦强于西，晋强于东，日用兵以剪伐小国，而秦晋之兵交于河。于是诸戎之在关中者，乘间东徙，以及于伊雒之间。幽平之际，熊耳外方济雒河颖之交，固未尝有戎狄之踪也。《郑语》桓公问于史伯曰："王室多故，余惧及焉，其何所可以逃死？"史伯曰："王室将卑，戎狄必昌，不可逼也。……非亲则顽，不可入也。其济雒河颖之间乎？"史伯以戎狄将肆，不可逼处，而欲桓公入居济雒河颖间，则河雒所会，幽王之世，尚无夷狄可知。史伯既以戎狄不可逼，而桓公又曰："谢西之九州如何？"知幽王之世，九州亦无戎。史伯亦只言："其民沓贪而忍，不可因也，唯谢郏之间。"亦不言其有戎。而春秋之世，伊雒九州皆有戎，则皆新自外来可决也。《左氏春秋》僖二十二年传曰："初，平王之东迁也，辛有适伊川，见被发而祭于野者，曰：'不及百年，此其戎乎，其礼先亡矣！'"是平王之初，诸戎尚未至于伊雒。闵之二年，虢公败犬戎于渭汭，僖之二年，虢公败戎丁桑田，僖之十一年，扬拒泉皋伊雒之戎同伐京师，入王城，焚东门，王子带召之也。此十数年间，戎一见于渭汭，于今为华阴县，尚在关中，再见于桑田，于今为陕县，则出关外，盖沿河南而东走，遂三见于伊雒，而伐王城也。则伊雒扬拒泉皋之戎，即渭

汭之犬戎，桑田之戎也。此十数年间，即犬戎西出关，
而东入伊雒之时。僖之二十二年，秦晋又迁陆浑之戎于
伊川，其始则居于瓜州者也。犬戎既入郊甸，而群戎尚
绳绳而来，事实明著可考。其来也，以秦逐之，而晋徕
之。《传》曰"秦晋迁陆浑之戎于伊川"，辞殊不明，
倘晋史委过而为是说也。

《左氏》襄十四年传：

> 晋将执戎子驹支，范宣子亲数诸朝，曰："来，姜
> 戎氏！秦人迫逐乃祖吾离于瓜州，乃祖吾离被苫盖，蒙荆
> 棘，以来归我先君。我先君惠公有不腆之田，与汝剖分而
> 食之。……"对曰："昔秦人负恃其众，贪于土地，逐我
> 诸戎。惠公蠲其大德，谓我诸戎是四岳之裔胄也，毋是剪
> 弃，赐我南鄙之田，狐狸所居，豺狼所嗥。我诸戎剪除其
> 荆棘，驱其狐狸豺狼，以为先君不侵不叛之臣。至于今不
> 贰。……"

《左氏》昭九年传：

> 詹桓伯辞于晋曰："允姓之奸，居于瓜州。伯父惠公归
> 自秦而诱以俱来，使逼我诸姬，入我郊甸，则戎焉取之。戎
> 有中国，谁之咎也？……"

就上范文子戎子驹支詹桓伯三文征之，则陆浑之
来，迁之者晋也，非秦也。秦人特贪其土地而逐之。

秦人地不远至瓜州，则陆浑已东南入居关中，而秦始逐之，乃益东出。范文子曰姜戎氏，詹桓伯曰允姓之奸，则陆浑之戎，有姜姓者焉，有允姓者焉。周人与晋阎嘉争阎田，晋人率阴戎伐颍，而詹桓伯言允姓之奸。则允姓之戎居东偏，故邻周。殽之役，晋御其上，戎亢其下，秦师不复，我诸戎实然，戎子驹支之言也，则姜姓之戎居西偏，故邻秦。《后汉书》云："陆浑戎自瓜州迁于伊川，允姓戎迁于渭汭，东及轘辕。"是二戎同为晋惠公所迁，而居地各别，范书已分析言之，足补《左氏》之疏。司马彪书《郡国志》"缑氏县"有"轘辕关"。薛综曰："轘辕坂十二曲，将去复还，故名。"在今偃师县东南，登封县西北。晋惠公尝略秦以河外列城五，东尽虢略，南及华山，内及解梁城，及入而背内外之赂。陆浑所居即虢略也，不与秦而以处秦寇仇之戎，故戎狄绳绳来居之。我能往，寇亦能往，周郑之东，而戎狄亦东，三代王者所都，于斯翻成蛇豕之宅也。

齐晋霸业与群戎

闵二年　　　虢公败犬戎于渭汭。

僖二年　　　虢公败戎于桑田。

　十一年　　扬拒泉皋伊雒之戎同伐京师，入王城。

秦晋伐戎以救周，晋侯平戎于王。

十二年　　齐侯使管夷吾平戎于王，使隰朋平戎
于晋。

十三年　　为戎难故，诸侯戍周。

十六年　　王以戎难告齐，齐征诸侯戍周。

二十二年　秦晋迁陆浑之戎于伊川。

犬戎既出关中，入伊雒，遂同伐京师，入王城，焚
东门，王子带召之也。秦晋伐戎以救周，既而晋平戎于
王，齐又平戎于王。盖戎之强，既以病周，秦晋两大国
交伐之而卒平之，则伐之而不克可知也；齐晋两大国交
平之，而诸侯又再戍之，则平之而不成又可知也。是时
狄灭苏子入南阳，以侵周于东；戎战虢公入伊川，以侵
周于西。皆挟太叔，以为奇货。戎狄之披猖也如此，而
齐终无如之何，则桓公霸业，于斯为不足也。自陆浑
之戎西来，东邻周郑，西抵殽函，盖与扬拒泉皋伊雒
之戎，壤地错杂，相间以居。以诸戎前时之犷悍如此，
于后皆役属于晋，驯服如彼，诚以陆浑之来故也。陆浑
灭而扬拒泉皋诸戎不复见，则其夷灭于陆浑者又久耶？
自戎处虢略，卒覆秦师，而泉皋诸戎之祸亦息。宣之三
年，楚子伐陆浑之戎，遂至于雒，观兵于周疆，问鼎之
大小轻重焉，知陆浑又所以扞楚也。内以剪诸戎，外以
扞秦楚，于是晋之百役，我诸戎相继于时。陆浑之来，

其裨晋者岂浅鲜哉?

戎处虢略,其东之前城,盖与郑之邬刘相接;而西极于桃林之塞,所谓晋阴地。故陆浑之戎曰阴戎。戎攘地既广而阻于郑,郑春秋时一大国也,遂局促河山之间,不得东逞。《左氏》文八年传,"晋人以扈之会讨鲁,鲁襄仲会晋赵孟盟于衡雍,遂会伊雒之戎盟于暴",以戎将侵鲁也。又宣之六年,"晋人卫人郑人伊雒之戎陆浑蛮氏侵宋,以其辞会也",虽曰晋人实指纵之,亦觇戎力之足侵暴东夏,未可忽也。戎不得东,则与周日为间衅。文之十七年,甘歜败戎于邧垂,乘其饮酒也。成之元年,晋侯使瑕嘉平戎于王,单襄公如晋拜成,刘康公徼戎将遂伐之,遂伐茅戎,三月,茅戎败王师于徐吾氏。襄之五年,王使王叔陈孙愬戎于晋,晋人执之,士鲂如京师,言王叔之贰于戎。昭之九年,周甘人与晋阎嘉争田,晋梁丙张趯率阴戎伐颍。于是詹桓伯曰"允姓之奸,实居瓜州"云云。叔向谓宣子曰:"自文公以来,世有衰德,而暴灭宗周,以宣示其侈,子其图之。"宣子说,使如周致阎田,反颍俘。曰晋使平戎于王,王使愬戎于晋,则戎之跃跃欲东,而日与周构难。曰暴灭宗周,曰逼我诸姬,入我郊甸,而后知戎之凌周,其祸毒亦烈矣。

晋楚灭伊雒诸戎

昭十六年　　楚子闻蛮氏之乱也，与蛮子之无质也，使然丹诱戎蛮子嘉杀之，遂取蛮氏，既而复立其子焉。

十七年　　晋荀吴帅师灭陆浑，数之，以其贰于楚也。陆浑子奔楚，其众奔甘鹿，周大获。

二十二年　　王室乱，晋籍谈荀跞帅九州之戎，及焦瑕温原以纳王于王城。

二十九年　　晋赵鞅荀寅帅师城汝滨。

哀四年　　楚人既克夷虎，乃谋北方，为一夕之期，袭梁及霍，围蛮氏，蛮氏溃，蛮子赤奔晋阴地。司马起丰析与戎狄以临上雒，左师军于菟和，右师军于仓野，使于阴地之命大夫士蔑求蛮子赤，曰："不然，将通于少习以听命。"士蔑乃致九州之戎，将裂田以与蛮子而城之，且将为之卜。蛮子听卜，遂执之，与其五大夫以畀楚师于三户；司马诱其遗民而尽俘以归。

楚以戎蛮之无质，遂取蛮，盖蛮之贰于晋也。晋以陆浑之贰于楚，遂灭陆浑。晋楚之争急，而蛮戎遂为鱼肉尽矣。晋灭陆浑，使屠蒯如周，请有事于雒与三涂，陆浑弗知，师从之，遂灭陆浑，陆浑之众奔甘鹿。则为诸戎之酋率者，雒东允姓之奸也，故得邻于甘鹿三涂。《水经注》："伊水出陆浑县之西南王母涧。涧北山即古三涂。"在今嵩县西南十里。《水经注》有"鹿蹄川，在陆浑故城西北"。《大事表》以此为甘鹿，在今宜阳县东南五十里。盖甘水之所出也。袭梁及霍，蛮之东境都所在也。上雒菟和仓野少习，蛮之西境，司马起丰析以略之。蛮疆之广可知，其长袤盖与陆浑等。蛮氏陆浑其酋率皆处东偏，则其不忘东向以争之情可见。晋灭陆浑而赵鞅城汝滨，戎蛮灭而晋楚之壤相接于汝，晋一旦有事而楚以通于少习惧之，则陆浑宿为晋之屏蔽，功亦巨耶？而甚睦于楚，晋人焉得不亟起而夷之。昭十七年，灭陆浑，二十二年，籍谈帅九州之戎以纳王，哀四年，士蔑致九州之戎将以与蛮。杜预言："九州之戎，即陆浑之戎。"则陆浑之灭，其仅存者，惟谢西九州之余落耳。陆浑既繁殖于伊雒，乃蔓延而南。杜预以戎蛮氏为戎之别种，故士蔑致九州之戎（即陆浑之戎）以与蛮子，知蛮亦陆浑类也，当即陆浑戎之越外方而南者。是汝南戎蛮，常属于楚；汝北陆浑，世服于晋。楚灭蛮，晋灭戎，而晋楚遂以汝为境。宣之六年，晋以陆浑蛮氏侵宋，盖晋势之张也。晋国未和而楚灭蛮，诱其遗民尽俘以归。九州之戎即陆浑之戎，是诸戎南徙已达于颍首汝滨，且至谢西。瓜州之戎南徙入汉，此族移动亦不为不远。徒以逼于晋楚两大，一不幸而夷灭随之。下逮于战国，范蔚宗以为"韩魏复共稍并伊雒阴戎灭之。其遗脱者皆逃走，西逾岍陇，自是中国无戎寇"。犬戎陆浑东窜之局，实南至汝颍，范说疑未谛也。

戎入汝汉江淮

《缀遗斋金文》有都公敦，有都公钟，又有都妘鼎，足证杜预、《世本》都为允姓之说。僖二十二年，"秦晋迁陆浑之戎于伊川"，此允姓之奸始自西来。僖二十五年，"秦晋伐都"，此允姓之都或即陆浑之戎，已出辕辕而南徙者也。《左氏传》言："秦晋伐都，楚以申息之师戍商密。秦人围商密，商密人惧，乃降秦师。秦师囚申公子仪，息公子边以归。"都与商密同在河南内乡县西南一百三十里，此中国商密而都来国之。都之南徙，盖叛于秦晋，故秦晋伐之；知都之已即于楚也，故楚为戍商密以救之；至是又降于秦。文五年传："初，都叛楚即秦，又贰于楚；夏，秦人入都。"都于秦楚，亦犹鄾氏陆浑之反侧于晋楚之间。杜预谓其"后迁于南郡都县"，则在今湖北之宜城。文十三年传："楚庄王立，公子燮与子仪以楚子出，将如商密。"此直言商密而不及鄀，鄀于时殆已至南郡也。自僖二十五年至文之五年，八九年间，而秦再伐之。又八年而鄀已逾汉而南。定之六年，"迁鄀于鄀"，以柏举战后，楚逼于吴，遂西徙于汉。楚之迁都，明鄀已先夷为楚邑，瓜州允姓之迁，此已最远，至汉南而遂灭。戎之在伊雒者曰陆浑，在商密者曰鄀，而同为允姓，当亦郳娄曰邹之例：晋楚呼之，言有短长，而号因以异；彼允姓者之自名，知固无所于别也。昭九年传："晋梁丙张趯率阴戎伐颍。"杜预注："阴戎，陆浑之戎。"以处晋阴地，谓之阴戎。晋阴地于后为卢氏。宜允姓之戎，已南至卢氏。昭十九年，"楚迁阴于下阴"。阴在汉为阴县，属南阳。下阴于后为湖北光化县。此徙之阴，即晋阴戎之入楚者。迁之下阴，则此允姓之奸，徙卢氏，徙南阳，徙襄阳，而猃狁于是有逾汉川而南者也。

春秋之戎蛮子，杜预注："蛮氏，戎别种，河南新城县东南有蛮城。"则戎蛮与南之群蛮，种族殊异，为诸戎之别种。《前汉志》："河南新城县曰蛮中，故戎蛮子国。"《续汉·郡国志》"新城"，刘昭注："《左传》文十七年，周败戎于邥垂。杜预曰：县北有垂亭。"《志》言："新城有鄤聚，古鄤氏，今名蛮中。"刘昭注："《左传》昭十六年，楚杀蛮子。杜预曰：县东南有蛮城。"以今地言。戎蛮子国在临汝（旧汝州）西南，楚袭梁及霍围蛮氏，梁在临汝西南四十五里，霍在临汝东南二十里，邥垂在伊阳，皆昔新城地，蛮子国于此。《续汉志》谓之古鄾氏，刘昭注引《左传》作楚杀鄾子，《公羊》作曼子，则鄾子蛮子为别本异文，不谓南蛮也。晋灭陆浑，而赵鞅城汝滨，知陆浑已由伊川越熊耳外方而南，地及于汝。"张趯率阴戎伐颍"，杜预注："阴戎，陆浑之戎。"以处晋阴地，谓之阴戎。晋阴地于今为卢氏县，则陆浑南出已至卢氏，而戎之别种蛮氏南至临汝，其为西戎之越山而来，无惑也。文十七年，"周甘歜败戎于邥垂，乘其饮酒也"，此戎即鄾氏。晋侯使瑕嘉平戎于王，杜预注："平邥垂之怨。"亦即鄾子也。成元年，王师败绩于茅戎。传曰："晋侯使瑕嘉平戎于王，刘康公徼戎，将遂伐之，三月癸未，败绩于徐吾氏。"斯又知鄾子之即茅戎也。《左氏》作茅戎，《公羊》《穀梁》并作贸戎。徐吾氏当即王季所伐之余无戎。于时殆已并于贸戎也。《秦本纪》："缪公任好元年，自将伐茅津胜之。"刘伯庄云："戎号也。"《括地志》："茅津及茅城在陕州河北县西二十里，《水经注》云：茅亭，茅戎号。"于今茅津在陕州西北三里，津北对古茅城，古茅邑也。则在山西平陆县东南三十五里。沈钦韩云："茅戎，西羌之入居中国者。郑《角弓》笺：髳，西夷别名。"《括地志》："岷洮等州以西为古羌国，以南为古髳国。"《牧誓》曰"庸蜀羌髳"，此茅戎之在西土者。东来入陕州，南下至临汝；其东出当在陆浑戎之先，故东南徙地，亦处陆浑戎之前。袭梁及霍，鄸氏之东境也。司马起丰析以临上雒，左师军于菟和，右师军于仓野，鄸氏之西境也。上雒今地在商州，菟和在商州东一百十里，苍野在商州东南一百四十里，而陆浑之戎居今卢氏。申谢西北二境，胥为西戎之族，其徙逐固已若是之远矣。申吕许曾之徙最先，而陆浑曼氏随之。申吕许曾入江淮，而陆浑曼氏亦踵之逾汝汉也。《续汉书·郡国志》："河南有梁故国，伯翳后，有霍阳山。"注："哀四年楚为一昔之期，袭梁及霍。"《博物记》言："梁伯好土功，今梁多有城。"是二者均以僖十九年梁亡之国，即哀四年楚袭之梁。是又同州韩城之梁灭于秦，而南迁临汝，遂臣属于鄸氏，楚又灭之。此亦秦同姓之戎也。《吕览·精谕》："晋襄公使人于周，曰弊邑寡君寝疾，卜曰三涂为祟，使下臣愿藉途而祈福焉。天子许之。晋使祭事先，因令杨子将卒十二万而随之，涉于棘津，袭聊阮梁蛮氏，灭三国焉。"此即《左氏》记晋灭陆浑事，而曰蛮氏，则误陆浑为鄸氏也。而梁为陆浑三国之一。高诱注口："以世推之，当为晋顷公，其不得为襄公明矣。"是秦灭梁而梁徙，晋又灭之，又南徙而楚又灭之。梁之徙遂已臣于鄸氏。聊、阮亦陆浑之属国也，聊倘即贸戎欤？梁固秦同姓之国。此则戎族东出南徙，事之先后固炳然者也。

第三　南方民族之移动

楚人北侵

周代南方民族之迁移，以史料之阙乏，故欲论其事，则视论西戎北狄之迁徙为尤难，以西北民族南下与诸夏接触繁，故事可推知，而南蛮之迁，则与诸夏接触益疏，故难征考也。盖周代民族之移徙事实，发动于周人之南迁，东南民族首当其冲，遂相率移住，其事大部在春秋之前。此时代之史料固极简略，入春秋以后东夷南蛮之事，不过其余波耳。若西北民族移住，则在周人南徙之后，乘西北之空虚而来，故在春秋之时，正其相率猾夏之时，一若永嘉之乱，本以汉族迁流，西北久荒，然后羌胡乘衅而京洛丘墟也。倘所谓物腐虫生、空穴来风者耶？此东夷南蛮之事，反因西戎北狄之事而显者也。

昔纣命文王典治南国江汉汝旁之诸侯，为西伯，专征伐。自陕东西，周召分治：江沱之域，属之召南；汝汉之域，属之周南。武王伐纣于牧之野，誓庸蜀羌髳微卢彭濮之人，而詹桓伯曰："巴濮楚邓，我南土也。"
见二南被化独深之国，而异族特多。昭王南征不复，
则方西周盛时，南国已梗命也。《楚世家》言："熊
渠生子三人，当周夷王之时，熊渠甚得江汉间民和，
乃兴兵伐庸杨粤，至于鄂。熊渠曰：'我蛮夷也，不与
中国之号谥。'乃立其长子母康为句亶王，中子红为鄂
王，少子执疵为越章王，皆在江上楚蛮之地。"知楚之
先雄于南服久矣。熊渠后十世而至若敖，而霄敖，而蚡
冒，当周宣幽平之世，然沈尹戍曰，"若敖蚡冒，至于
文武，地不过同"，则楚于春秋之初，仅蕞尔百里之
国，而熊渠畛略，久已丧之。《楚世家》言："封熊绎
于楚蛮，居丹阳。"正怀王十七年与秦战丹阳是也。索
隐云："此丹阳在汉中，所谓'先王熊绎，僻在荆山'
者也。"荆山于今为南漳县，明楚封之在汉；而颍容、
徐广并以楚居丹阳在枝江。《水经注》《括地志》《舆
地志》等并以楚居丹阳在秭归，是并以春秋时楚都说楚
封也。顾栋高曰："楚始封在归州，迁于枝江，春秋初
楚尚都此；再迁郢，在江陵。"明楚之始封于汉而后居
于江。逮国之既强，然后由秭归而枝江，而江陵，以渐
食汉川诸姬，封畛于汝，而后益北上。见楚之由三子为
王，而蠚为同国百里，正弃汉入江之时，殆以方叔南
征，执讯获丑，而楚以弱。周之声灵振于南土。南方民
族之史，惟楚稍可考，楚事已茫昧若此，他可推知。宣

幽南略，邑谢徙申，被其迫者，岂一楚而已哉？

百濮南徙

春秋时代南方民族既鲜见于载记，而先后住地，尤错纷难理。今姑以文十六年之事为本而求各族移徙之迹，则事理亦极明。《左氏》文十六年传："楚大饥，戎伐其西南，至于阜山，师于大林。又伐其东南，至于阳丘，以侵訾枝。庸人帅群蛮以叛楚。麇人率百濮聚于选，将伐楚。于是申息之北门不启，楚人谋徙于阪高。"以楚事为中心，则南方之族虽繁，其大校可考也。盖楚之东则众舒，其北则汉川诸姬也，其西北则群蛮，西则百濮，而东南至于西南则戎。汉川诸姬，随为大；众舒，则舒子为大；群蛮帅乎庸；百濮帅乎麇；楚人于时四围之情约略如此。然又非春秋以前之事也。左太冲《蜀都赋》曰："于东则左绵巴中，百濮所充。"则濮于古为梁州国，故注言："巴中七姓有濮。"《华阳国志》："巴子之国，有濮賨苴共奴獽夷蜑之蛮。"则濮固在巴也。武王伐纣，巴师勇锐，歌舞以凌殷人，然《牧誓》武王伐纣，有濮而无巴。濮居左绵巴中，武王伐纣有濮，后乃封宗姬于巴，则巴师歌舞以凌殷人者，正濮人也。秦汉间阆中有渝水，賨民多居水左右。天性劲勇，初为汉前锋，陷阵锐气，喜歌，帝善之曰，

"此武王伐纣之歌也"，所谓"巴渝舞"也，则秦汉间阆中巴山渝水之间，其居者为賨，而濮已他走。盖于后巴徙垫江，徙江州，以东南下，而濮亦东南下由梁州而入荆州也。春秋初年数见巴师，皆在楚北。巴楚交通，以邓为枢，是巴之通楚为由陆而非由水，知于时长江无交通。故庸之为国，亦地跨梁荆，而居楚北。则濮入荆之道，亦在北而不在南，由陆而非由水。楚于春秋之初，日益北上。平王之末，蚡冒于是乎启濮，武王败随于速杞，于是开濮地而有之。是皆楚人之北略入汉，此濮之初居于汉，在楚北也。伪《孔传》言："濮在江汉之间。"此濮曾在江汉之说也。文之十年，"楚子宋公为厥貉之会，麇子逃归。十一年春，楚子伐麇，成大心败麇师于防渚；潘崇复伐麇，至于锡穴"。防渚于今为房县。锡穴在白河县东。于时麇都于郧阳，故伐地亦系焉。则先时百濮之从麇以处于汉可知。自楚北上入汉，而麇南徙枝江，遂以百濮聚于选。选在枝江，柏举之战，吴师居麇，地固近郢，是亦麇之徙地。于后麇又徙岳州，见麇之后居于江，谅濮亦随之。故昭之十九年，"楚子为舟师以伐濮"，濮在江也。杜预说"濮在建宁郡南"。江永曰："晋建宁故城在石首县，百濮在其南。"盖濮由江入湘，以楚入战国，拓地西南。"吴起相悼王，南并蛮越，遂有洞庭苍梧"；"顷襄王遣庄蹻从沅水伐夜郎，因留王滇池"。则濮以楚逼，后遂至建宁再至永昌。濮于西周之初在巴中，东入荆，居江汉间。由楚之西南下入江，东至岳州，南入湘沅，又至于永昌，此先后迁移迹之可寻者也。

《职方》郑注云："玄谓闽，蛮之别也。《国语》曰：'闽芊，蛮矣。'"贾疏云："《郑语》史伯曰'蛮芊，蛮也'，注云：谓上言叔熊避难于濮而蛮，随其俗如蛮人也，故曰'蛮'。彼不作'闽'者，彼盖后人转写者误。郑玄以闽为正，叔熊居濮如蛮，后子孙分为七种，故谓之七闽也。"贾氏断郑韦两家之本，据两家之说，以叔熊避濮，于后为闽。《华阳国志》："永昌郡古哀牢国，有穿鼻儋耳种，闽越濮，鸠獠。"又言："有闽濮、鸠獠、僄越、躶濮、身毒之民。"是濮有闽濮，在永昌郡，盖西南徙地也。而贾氏以瓯蛮当之，东西悬绝，殆其误耶？

庸巴罗南徙

春秋之庸，属地最远。庸之鱼邑为四川之奉节，而固国于郧阳之竹山。庸当亦由梁徙荆之国，而介于巴与秦楚之间，三国因之以灭庸。群蛮帅乎庸者也，庸灭而蛮亦不保，居地谅亦相接。"楚武王克州蓼随唐，大启群蛮"，倘随唐以西，接乎庸地，正蛮之居。《后汉书·南蛮传》言："平王东迁，蛮遂侵暴上国。晋文侯辅政，乃率蔡共侯击破之。至楚武王时，蛮与罗子共败楚师。"范书四夷事多本之《竹书纪年》，此当亦出《竹书》。蛮于春秋之初，殆亦北侵周，南败楚，自庸灭而蛮亦兼于楚。鄢陵之役，郤至曰："郑陈而不整，蛮军而不陈，我必克之。"则蛮合于楚，已为之役，同于楚之编户也。此非陆浑蛮氏，彼本作鄋子，为《左传》之茅戎，《公羊》《穀梁》之鄬戎，与此不同。彼在汝，此在汉也。

楚西之国庸为大，庸之西接于巴，巴接于蜀，此春秋时代西南之大较也。《华阳国志》言："阆中有渝水。"渝水巴山悉在阆中，巴歌渝舞之所自出，此古巴国也。于后巴子或治江州，或治垫江，或治平都，或治阆中。江州于今为巴县，垫江于今为合川，并在嘉陵江流域。以阆中上流之渝名江州下流之渝，亦以阆中之巴名江州之巴；巴国日徙而东南，而巴山渝水之名亦徙而东南；此巴后先移徙之迹也。《国策》言："汉中之甲，乘舟出于巴，乘夏水而下汉，四日而至五渚。"知汉域亦有巴名。则武王之封宗姬，谅初原在汉，后徙阆中。巴子之国有苴蛮，苴有南郑，亦在汉域。谅巴之始国，惟在苴东，下逮春秋，巴东南下，春秋之末，巴楚且相拒于扞关也。

桓之十三年，"楚屈瑕伐罗，罗与卢戎两军之"。罗于时国于宜城。《水经注》："夷水历宜城西山，东南径罗川城，故罗国也。"又《江水篇》："枝江地，故罗国，盖罗徙也。"《汉·地理志》"长沙国罗县"，应劭曰："楚文王徙罗子自枝江居此。"顾景范以罗县在岳州府平江县。屈瑕伐罗，为楚武王时，罗在宜城。及文王时罗已自枝江徙平江，则罗迁徙之道与濮同也。卢戎之属帅乎罗，罗徙平江，而戎之伐楚于西南至阜山大林，于东南至阳丘訾枝。明楚之南境皆戎，而地近平江者也。是戎与罗同处，盖罗徙而戎亦与之俱徙。"罗与卢戎两军之"，卢戎在南漳县，而从武王伐纣之卢在梁州。《华阳国志》宕渠郡有卢城，为今四川渠县，而《括地志》言："房州竹山县及金州古卢国。"竹山属郧阳府，金州则兴安府，此卢自梁徙荆时所建国。更沿汉东南至南漳，故春秋之卢在襄汉，是亦犹庸濮之由梁入荆。楚自丹阳徙枝江，徙江陵，然后北上；而罗与戎自宜城徙枝江，徙平江；麇与濮又随其后，自郧阳徙枝江，徙岳州：殆皆由汉绕云梦之西以入江，由江东下而南入湘也。

第四　赤狄东侵

古鬼亲与赤狄

犬戎自夏至周，皆处于邠岐之近地。周之中叶而猃允西来，商之中叶而鬼方西来。王国维氏据《世本》言鬼方为隗姓，即赤狄之隗姓，以隗姓之狄为鬼方。吴承志氏以允姓之戎为猃允，此皆事之近实，信而可征者。《王会》言："正西狗国鬼亲。"鬼亲即鬼方。《世俘》有越戏方，有宣方，《纪年》有班方，殷人于地国盖恒以方名也。宋衷注《世本》，以"鬼方于汉则先零戎"，此与汉人训鬼方为远方之说合，则鬼方亦来自犬戎之外者也。《西山经》言："又西二百里曰騩山。"《地理今释》曰："今玉门县西南巴颜大山。"是在酒泉敦煌间。山南即汉先零羌地，则騩山即鬼方之居也。三危在敦煌，此騩山在玉门，则居三危之东。《西山次三经》又言："又西二百二十里曰三危之山，又西一百九十里曰騩山，又西三百五十里曰天山。"是则三危东西，并有騩山。《文选·琴赋》："摹老童于魂隅。"五臣作"隗",则天山以东皆鬼方之国。鬼方自殷之高宗时始为边患。《易》曰："高宗伐鬼方，三年克之。"见鬼方之强。《后汉书》言："武丁征西戎鬼方，三年乃克；及季历遂伐西落鬼戎。"章怀注曰："《竹书纪年》：武乙三十五年，周王季伐西落鬼戎，俘二十翟王也。"此鬼戎当即鬼方。伐鬼戎曰俘翟王，知春秋之赤狄隗姓，亦即鬼方，则鬼戎固名狄也。自武丁克之，至武乙而又炽，则"太王居邠，狄人侵之"，自亦鬼方之为患，而于时昆戎遂伏而不见也。

依《殷本纪》，自汤至于纣十有七世，而武丁当十一世；周自公刘至文王，班固《人表》依《世本》为十五王（《史记·周本纪》损者三世），而亚圉当第十世。公刘与汤并时（此依娄敬及《吴越春秋》说，不依《史记》），则亚圉亦宜与武丁并时。《左氏》襄十年传曰："余敢忘高圉亚圉。"亚圉，高圉子。高圉亚圉，信大有造于周者也。《鲁语》曰："杼能帅禹者也，故夏后氏报焉。上甲微能帅契者也，殷人报焉。高圉能帅稷者也，周人报焉。"盖季杼灭豷于戈，有穷遂亡，于是复禹之绩。《山经》言"有易杀王亥"，注引《竹书》曰："殷主甲微假师于河伯以伐有易，灭之，遂杀其君绵臣也。"则杼之于夏，微之于殷，皆有继绝复仇之功。而高圉比焉。殆以鬼方之难而周将亡，高宗西征，周人谅有力焉，此所谓"敢忘高圉亚圉"者乎？

《毛诗故训传》曰："古公处豳，狄人侵之，事之以皮币，不得免焉，事之以犬马，不得免焉，事之以珠玉，不得免焉。乃属其耆老而告之曰：'狄人之所欲吾土地，吾闻之，君子不以所养人而害人。'去之逾梁山，邑乎岐山之下。"则周竟以鬼戎之侵而失公刘之国，王季之伐西落俘翟王，为功伟矣。

《西山经》言："又西二百里至刚山之尾，洛水出焉，而北流注于河。"《地理今释》云："刚山之尾，今甘肃固原州笄头、大方、六盘、须弥诸山，与陇州山迤逦相接，故曰'尾'也。洛水今清水河，北流至灵州鸣沙堡西入黄河。"此西洛也。知于时鬼方已来居灵原诸州地。《范汉书·西羌传》言："季历遂伐西落鬼戎。太丁之时，季历复伐燕京之戎，戎人大败周师。后二年，周人克余无之戎。自是之后，更伐始呼、翳徒之戎，皆克之。"知皆鬼方之余孽也。《文王世子》："武王曰：'西方有九国焉，君王其终抚诸。'"《殷本纪》"九侯"，徐广曰："亦作'鬼侯'。"《明堂位》《韩非子》皆作"鬼侯"，则武王所谓九国即鬼国，鬼戎之余也。至文武之间犹未悉珍，亦见燕京、余无、始呼、翳徒，皆鬼戎二十王之比也。《荡》之诗，郑笺以为"上陈文王，咨嗟殷纣"，而曰"覃及鬼方"，固鬼方至是犹炽之验。《小盂鼎》纪成王二十五年盂伐鬼方，献首献馘，俘人复万有三千八十有一，残灭之余，尚有此众。盖自是鬼方散而犬戎猃狁代兴，鬼方反为之属，故"追貊为猣允所逼，稍稍东迁"；然继貊种之后者实隗姓之狄，此鬼方之服于猃狁而冒其名也。

鬼戎之来西洛，固即犬戎之地，谅已服犬戎而臣之。《史记》言："自陇以西有绵诸、翟、獂之戎。"翟即汉县翟道，于后为狄道州。《吕氏春秋》言："辛余靡振王，乃侯之于西翟。"皆见翟在周西，据土已广，凡昔犬戎之所在，皆后狄之所在也，故来后人鬼方猷戎为一之说。《海内北经》有"鬼国"，在贰负之尸北，则在今鄂尔多斯境，此史伯所谓当成周西之"隗"也。斯即逼貊而名猃狁之狄，当已率服于猃狁，随以东出而北走，故亦冒猃狁之名也。《水经注》："汾水出太原汾阳县管涔山，东南流径晋阳县东。"《淮南子》："汾水出燕京。"是管涔山即燕京。《汉书·武纪》："元狩二年马生余吾水中。"应劭注曰："在朔方北也。"此王季时燕京、余吾之戎所居地也。《汉地志》：右北平郡有徐无县。燕京余无之戎，殷之末季盖在雍州。自周之崛兴，燕京之戎遂至并州之北，而余无之戎，乃远至朔方，又有远至幽州之域者也。《春秋》成元年，"茅戎败王师于徐吾氏"，《正义》："茅戎是戎内之别，徐吾是茅戎聚落之名。"意者徐吾亦即余无之戎之一部，是昔为鬼方，后则从貿戎而东至豫州，南出辕辕者也。《汉志》上党郡有屯留、余吾，二县相邻，屯留为留吁国，余吾或又从留吁以东徙也。

《魏书》言："高车，古赤狄之余种也，初号狄历，北方以为敕勒，诸夏以为高车丁零。"《春秋地名记》谓赤狄"今名赤涉胡"。是则匈奴北荒之丁零，与至唐之铁勒十五部，皆赤狄之余而鬼方之裔胄也。《晋书·匈奴传》言匈奴"以部落为类，其居塞者凡十九种"：有鲜支种，乌谭种，即鲜卑乌桓也。有赤勒（殿本误作"勤"）种，即敕勒也。此敕勒在前有合于匈奴者。"有赤沙种"，当是赤涉之误。又有力羯种，石勒即羯种也。《石勒载记》言："石勒初名匐，汲桑始命勒以石为姓，勒为名。"石勒固自有名，而汲桑更为之名，其音与部名力羯之音若一，盖即以部名为人名也。此固外族恒见之事。则石勒即赤勒之异译，而又别译部名曰力羯。是犹秃发原为拓拔，源即为元，而必别译以辨之也。（石虎图画忠臣烈士，皆变为胡状，头缩入肩。冉闵诛胡羯，高鼻多须，至有滥死。石宣最胡状目深。石鉴拔长发以给宫人。此四事皆可以见胡状。后铁勒部中，亦有赤发绿瞳之人。敕勒之族既多，于后而人亦杂也。）《魏志·东夷传》言："女王国北有鬼国。"《唐书》言："流鬼国在北海之北，鬼国在驹马国西。"王深宁盖取之以释《王会》之鬼亲，是亦有合于赤狄为敕勒之说。殆以狄既失太行，遂走于北荒也。

聂西生氏以中国之知用骑，为效之印欧民族之西特人。然中国知骑，为始于赤狄，《吕览·不苟篇》言：
"晋文公伐邺，还将行赏，（赵）衰曰：'君将赏其
末，则骑乘者存。'"《管子·小匡》言："中救晋
公，禽狄王，而骑寇始服。"知狄之侵晋以骑，故房注
云："北狄以骑为寇。"伐邺即河内殷墟，狄夺之卫，
而晋又夺之狄者，伐邺正为伐狄。晋之御狄亦以骑。
中国用骑自晋文公始，不自赵武灵王也。《吴子·应
变》："起对曰能备千乘万骑。"《励士》："武侯从
之，兼车五百乘，骑三千匹。"是魏武、吴起之时，用
骑已大盛也。《励士》又言："若车不得车，骑不得
骑，徒不得徒。"车与骑已并举别言。《通典》引吴王
问孙武曰："吾至轻地，敌整其车骑，则如之何？"武
曰："……选骑衔枚先入。"此自为《孙子》八十二篇
之文。知春秋之末，已车骑并用。《左氏》昭二十五年
传："左师展将以公乘马而归。"《正义》曰："古者
马以驾车，不单骑也。至六国之时，始有单骑。炫谓此
左师展将以公乘马而归，欲共公单骑而归，此乘马之渐
也。"陆氏《音义》亦云："乘，骑马也。"此《左
传》亦有单骑之事，足明《孙武》文之非诬。吴鲁于是
时已皆用骑，况《曲礼》有"前有车骑"之文，苏秦有
"车千乘，骑万匹"之说，何必始于赵武灵王哉？匈奴
之由西来而北入阴山，在秦灭义渠之后，春秋时居北方
之异族惟貉与狄。用骑固非东胡民族之事，惟来自西方

鬼方之族为能之。中国用骑，亦正值赤狄枭张之际，是或由鬼方之族效之西特人，或鬼方之即西特人，均未可定。然鬼方之必自西来，由天山而东南下则可断也。

聂西生氏《中亚民族史》言：

> 以语言学之鉴定，与考古之帮助，此西特人属于印欧民族中之伊兰支派，普通名之为"游牧伊兰人"。不知何时，此游牧人向东发展，而至蒙古。当纪元前一、二世纪时，在蒙古有一类联邦组织匈奴帝国，现已经证明此匈奴非印欧民族，又非塞米族，是为阿尔泰族之突厥派，殆甚相似。如果匈奴之统制阶级为突厥派。则联邦内未必无西特人之存在。奚以言之？盖中国古时虽知马之应用，但只知驾而不习骑，至西北游牧之人则反是。中国习骑战自赵武灵王之胡服习射始，以骑战代车战，以短衣代长衣，以靴代鞋，以长剑代短剑。再以考古学之证明，知此装束非匈奴之装束，实为西特人之装束。盖匈奴先效西特人，而中国又借之于匈奴也。

聂氏又谓：

> 印欧民族入新石器文化期中，即知铜与马之应用，此亦易于迁徙之唯一利器。故其分布，西至欧洲，东迄中亚，南及印度。由印度发掘之古物，知印度新石器时代之民族无马之应用，马之输入为亚利安人。又加堤无马，为古生物学之定论，加堤知用马，亦因含有印欧语言原素之民族。

聂氏盖因此以推中国之胡服骑射，亦因匈奴联邦内之西特人。但赵武灵王之胡服骑射，原不因匈奴人，其在此时，匈奴尚在西北。则中国人之胡服，云何效之匈奴？凡此皆聂氏习于王静安之旧说，以中国北方在古即惟匈奴一族，故云匈奴效之联邦内西特人云耳。惟骑射之不始于赵武灵王，故当时赵之君臣，所往复以争者，皆为论胡服事，无一语及于骑射。知始于是时为胡服耳。中国之知用骑在春秋，即因北狄之用骑，于时狄方侵扰晋边。则谓鬼方之狄效之西特人，于时于事为合。盖鬼方之国原在天山之东，此与塞种之猃允西来事先后一辙也。盖中国古昔，散处北方者为貉族，而处雍州西部之犬戎则为羌族，此皆耕稼之民，未为中国之巨患。其后敕勒鬼方之族来自天山，塞种猃允之族来自瓜州，獷狅特甚，为虐亦巨。先则据犬戎之土而臣其人，为祸中国遂烈。殷周大张挞伐，因以成中兴之功。自穆王迁戎太原，宣王又逐猃允于此，而在西之族始北入河南，窟穴阴山，侵暴区夏。自是以后，中国北方之祸过于东夷西戎远矣。前此殆无渡漠南来之人，故赤狄白狄之亡而三胡皆自东而至。义渠既灭，然后在西之匈奴又入阴山，至冒顿遂统一殊俗，其中颇有乌丸、鲜卑、楼烦、敕勒之种。西族与北族，土著与外来，和合为一，遂为历世之巨祸也。（威廉士《中国史纲》言："中国古史上之狄族，即希腊古史家所谓西特族。此族在上古甚强，常往来亚洲西部及中国西北部，为沟通中西文化之媒介。"审是则赤狄即西特人，而游牧伊兰人也。）

狄来秦晋之北

北狄之族亦以处于雍州，因秦晋之交逼而东徙，与西戎同。西戎出秦之东而入伊洛，北狄走晋之北而下太行，分道以祸中夏。孟子曰："太王居邠，狄人侵之。"知狄居亦邻于邠。《世本注》言："鬼方于汉则先零戎。"知其本居湟鄯之域，《韩奕》之诗曰："王锡韩侯，其追其貊，奄受北国。"《郑笺》曰："韩侯贤，赐之蛮服追貊之戎狄，令抚柔王畿北面之国。其后追也貊也，为猃狁所逼，稍稍东迁。"夫逼追貊者赤狄也。是赤狄亦冒猃狁之名。以于时服事于猃狁故耳。韩侯之国，在春秋曰"韩原"，为秦晋战处。《元和志》："同州韩城县，春秋战于韩原即此地。"在今韩城县西南二十里。梁山在县西北九十里，即《诗》所云"奕奕梁山"者也。韩之北为追为貊，则宣王时之北狄犹未及韩之北境，而促居泾阳。追貊东迁，北狄侵及泾洛之间，知又宣王以后事也。《晋世家》言："晋强，西有河西，与秦接境，北边狄，东至河内。"此狄入居晋北之说也。重耳居蒲，于后为蒲州永清县；夷吾居屈，于后为吉州。《晋世家》言："蒲边秦，屈边狄。"然晋城蒲屈，曰："狄之广莫，于晋为都。"则蒲屈均边狄，此晋西亦狄之证也。故重耳出亡及柏谷，在灵宝。"重耳之在狄也。从狄君以田渭滨。狄以重耳故，击晋于采桑。"采桑津于后为吉州。证其地望，狄南已至渭也。吕相绝秦则曰："白狄与君同州。"《齐语》则曰："西征攘白狄之地，至于西河。"韩之战，狄侵晋，取狐厨及受铎，涉汾及昆都，狐厨受铎在汾西，昆都在汾东。斯实狄自西而东，遂涉于汾。顾栋高坚持晋西无狄，并《左氏》白狄与秦同州一语而非之，则固矣。《史记·匈奴列传》言："晋文公攘戎狄，居于河西圁洛之间，号曰赤狄白狄。"此言赤狄白狄之皆在河西。《索隐》曰："《三仓》'圁'作'圂'。《地理志》云：圂水出上郡白土县西，东流入河。韦昭云：'圂'当为'圁'。"圁，即今陕西神木县屈野河。此特狄之根据地，实则洛东以及乎蒲屈，皆狄所滋蔓。滨河东西，并狄土也。周东迁以来，狄已侵逼追貊，而窟穴于此也。

狄南灭邢卫与齐桓御狄

庄三十二年　　狄伐邢。

闵元年　　　　齐救邢。

　二年　　　　狄伐卫，战于荥泽，遂灭卫。宋桓公逆诸河，立戴公以庐于曹。齐侯使公子无亏帅车三百乘，甲士三千人以戍曹。郑使高克帅师次于河上，师溃而归。晋侯使太子申生伐东山皋落氏。

僖元年　齐师宋师曹伯次于聂北，救邢。邢迁于夷仪，诸侯城之。

二年　诸侯城楚丘而封卫。

　　方狄处晋西，中国未尝有狄祸；及晋益西侵，而狄遂东窜，祸以极于邢卫也。士䓥为二公子筑蒲与屈，曰"无戎而城，仇必保焉"，知晋西之狄未为患也。曰"狄之广莫，于晋为都，晋之启土，不亦宜乎？"知蒲屈之城，正以侵略狄土。入春秋以来，不见狄事，自庄之三十二年而狄祸发，如飘风，如骤雨，而邢卫被其殃。自此狄患中国，终春秋下至七国，正以狄于此时蹙于西而突于东，自晋北走晋东，遂据太行以建国，祸且及于齐鲁也。重耳之及于难，晋人伐诸蒲，重耳奔狄，从狄君以田渭滨，此奔狄时之从狄于晋西也。处狄十二年，过卫及齐，而曹宋，而郑楚，而秦，此去狄时之从狄于晋东也。重耳在狄之年，狄人伐廧咎如，得其二女叔隗季隗，以季隗妻重耳，狄为重耳故，伐晋于采桑，采桑在山西之乡宁县，则廧咎如在晋西。晋既灭潞氏，复伐廧咎如，讨赤狄之余焉，而廧咎如已在晋东。

审重耳、廧咎如之先西而后东，则狄之络绎东徙，正庄闵时也。宣之八年，晋师白狄伐秦，成之九年，秦人白狄伐晋，成十二年，而晋败狄于交刚，此时赤狄已渡河入济，而白狄尚在晋西。昭十二年，晋灭肥，十三年，晋侵鲜虞，十五年，晋灭鼓，则此时白狄之肥鼓鲜虞已在晋东。白狄之自西东徙，信在襄昭时也。于后晋西已无狄。盖赤狄白狄均起雍州，赤狄东徙，河西之地唯白狄居之。赤狄既灭，而太行之地白狄又来居之，先后之迹，若是之了然也。

狄祸突发于东，而邢卫灭，于此狄事始见于春秋，一见而势若燎原。《诗序》言："《旄丘》，责卫伯也；狄人迫逐黎侯，黎侯寓于卫，卫不能修方伯连帅之职。"则灭邢卫之先，已逐黎侯；及晋灭潞氏，然后再立黎子。《诗序》又言："《清人》，刺文公也，文公使高克将兵御狄于境，陈其师旅、翱翔河上，众散而归。"则狄既灭邢卫，郑欲御之而师溃。其足以悚惧中国也如此，见狄之强而祸之烈也。当邢卫之灭，于时齐桓霸业方隆。庄之三十年，桓公伐山戎，及孤竹。僖之四年，桓公伐楚，次于召陵，威势已振。而狄祸发于其间，桓公曾不能以一矢北向，收复二国之失土，则迁邢卫于河南以避之，岂齐之力有未逮欤？《齐语》言："（桓公）筑葵兹、晏、负夏、领、釜丘，以御戎狄之地，所以禁暴于诸侯也。筑五鹿、中牟、盖与牡丘，以卫诸夏之地，所以示权于中国也。"郑玄注《礼》以负夏为卫地。张守节谓："相州荡阴西五十八里有牟山，邑在侧。"此北中牟（别有南中牟），于今为汤阴。京相璠言："今卫县西北三十里有五鹿。"于今为河北之清丰县。牡丘于今为聊城。《水经注》言："陶丘，墨子以为釜丘。"在山东定陶县西南。葵于今为河内县。京相璠言："河内山阳有郊城。"则狄祸方亟，桓公仅沿河外漯川筑塞以拒之，俾狂寇不得渡河，迁邢卫于大河之南，则桓公固无如狄何也。

骊姬以"皋落狄之朝夕苟我边鄙，使无日以牧田野"。公说，使太子申生伐东山，而晋狄之战兴。东山皋落氏，于今为山西平乐县东皋落山。刘昭引《上党记》："东山在壶关城东南，申生所伐者，今名平皋。"皆当晋之东。旧说多以为垣曲县，则在晋南，不合称"东山"也。太子之伐东山，先丹木曰："尽敌而反，敌可尽乎？"狐突曰："虽欲勉之，狄可尽乎？"则稷桑之战，晋实有尽其族类之心。盖骊姬曰："若不胜狄，虽济其罪可也。"是欲以不克罪申生。申生曰："我战死犹有令名。"羊舌大夫曰："违命不孝，弃事不忠，子其死之。"是申生亦有致命之概。里克曰，"臣闻皋落氏将战，君其舍之"，则皋落亦欲乘残灭邢卫之威，以全力赴此一役，则稷桑一战，其烈可知。晋之攘狄，功过于齐，而《左氏》述东山事，不具始末。《晋语》亦仅记战于稷桑，致此一大战事不可得而详也。

狄西侵周郑与晋文创狄

僖七年　　　晋里克败狄于采桑。

　八年　　　狄伐晋，报采桑之役也。

　十年　　　狄灭温，苏子奔卫。

　十二年　　诸侯城卫楚丘之郛，惧狄难也。

　十三年　　狄侵卫。

　十四年　　狄侵郑。

　十六年　　狄侵晋，取狐厨、受铎、涉汾及昆都，因晋败也。

　十八年　　宋师败齐师于甗，立孝公而还；狄救齐。邢人狄人伐卫，围菟圃；卫师于訾娄，狄师还。

　二十年　　齐人狄人盟于邢，为邢谋卫难也。于是卫方病邢。

　二十一年　狄侵卫。

　二十四年　王将以狄师伐郑，使颓叔桃子出狄师；狄伐郑取栎。颓叔桃子奉太叔以狄河攻王，伐周，王出适郑，处于氾；太叔以隗氏居于温。

二十五年　卫灭邢。

晋侯纳王，取太叔于温，杀之。

狄焰方张，齐阻之于东，不得渡河；晋持之于西，又不得逞，乃灭温。盖其锋循太行以折而西南，遂逼周畿。"苏子叛王即狄，又不能于狄，狄人伐之，王不救，故灭。苏子奔卫。"刘子、单子曰（成十一年传）："昔周克商，诸侯抚封，苏忿生以温为司寇，与檀伯达封于河。苏氏即狄，又不能于狄，而奔卫。襄王劳文公而赐之温。"知温者，苏子邑也。隐十一年传言："王取邬、刘、芳、邗之田于郑，而与郑人苏忿生之田，温、原、絺、樊、隰郕、攒茅、向、盟、州、陉、陨、怀。"此十二邑，皆苏子之田，而温其都也。王以与郑，郑使高克陈师河上。盖苏子即狄，而郑已不能有其田。狄灭温，苏子奔卫，而苏忿生之田已属于狄，太叔以狄师攻王，以隤氏居于温，知太叔之固依于狄。及晋纳王，取太叔于温杀之，知晋师之固已败狄。《晋语》言："赐公南阳、阳樊、温、原、州、陉、絺组、攒茅之田。"则晋已克狄，天子即以苏子田之没于狄者八邑赐之，晋于是启南阳。《左氏》徒纪阳、樊、温、原、攒茅五邑，载事不详，俾后儒不知晋启南阳，实取自周土之丧于狄者。而谓文公实怀狄之私惠（谓文公处狄，宋人清人皆有此论），不能攻狄，而徒取天子之田，以为文公罪。然则太叔何由杀之，苏忿生之田何由复之乎？

文公以二军下，次于阳樊，右师围温，左师逆王。取昭叔于温，杀之于隰城。阳樊之师，固又一大战，而与狄以巨创。《左氏》又说焉不详，则亦丘明述事疏略之失也。《晋语》"文公赂草中之戎，丽土之狄，以启东道"，则后此所谓"东阳之甲"者也。《穆天子传》记草中之戎，盖地近漯川上游，实邻卫土。《汉书·地理志》言："懿公为狄所灭，桓公更封卫于河南曹、楚丘，而河内殷墟更属于晋。"又言："文公霸诸侯，尊周室，始有河内之地。"则狄灭卫，而卫地属于狄，晋灭狄，而卫地属于晋。马季长说："朝歌以北至中山为东阳，朝歌以西至轵为南阳。"盖卫地之没于狄者，晋资焉以启东阳，周地之没于狄者，晋资焉以启南阳，狄固大有造于晋也！方狄之西侵及周，奄有河内，齐霸已衰，宋襄不竞，宋伐齐丧而狄救齐，卫方病邢而狄为谋卫，威势既振，大义亦伸。狄之渡河，自救齐侵卫始，然犹未肆于东。晋既克温，然后周郑之狄祸以绝，而狄专肆虐于东夏也。则阳樊一役，岂逊于城濮哉。

狄东侵齐鲁宋卫

僖三十年　　　狄侵齐。

三十一年	狄围卫，卫迁于帝丘。
三十二年	狄有乱，卫人侵狄。
三十三年	狄侵齐。
	狄伐晋，晋侯败狄于箕，获白狄子。
文四年	狄侵齐。
六年	晋狐射姑出奔狄。
七年	狄侵鲁西鄙，鲁侯使告于晋。
九年	狄侵齐。
十年	狄侵宋。
十一年	狄侵齐，遂伐鲁；叔孙得臣追之，败狄于咸。
十三年	狄侵卫。
宣三年	赤狄侵齐。
四年	赤狄侵齐。

　　晋势既振，狄失东阳南阳，而周郑之祸绝。文公搜于被庐，作三军以败楚于城濮，又作三行以御狄。狄间晋之有郑虞而侵齐。于是晋搜于清原，作五军以御狄，而狄围卫。见狄虽创于晋，晋狄之祸遂结而不解。至狄围卫，则其锋乃折而东。于时卫居楚丘，为滑县东六十里卫南故城，在河南。狄围卫，卫迁于帝丘，在开州西南二十里濮阳故城，则避而之北。于是狄渡河长驱，至于商鲁间，而横决于东夏也。鲁宋齐卫日被侵寇，僖文

宣时，正狄祸方张之会。文之十年冬，狄侵宋。是冬，楚郑陈蔡为厥貉之会。宋人逆楚子以田于孟诸。斯时秦晋之兵结而不解，而狄楚之势交于宋。《公羊传》曰："南夷与北夷交，中国不绝若线。"楚虎视于南，狄鸱张于北。斯时也，成周、东夏，不几绝为二耶？

狄伐晋，围怀及邢丘，晋侯欲伐之，中行桓子曰："使疾其民，以盈其贯，将可殪也。"狄焰之张，于斯为患极矣！狄伐晋，及箕，箕为山西之太谷县。晋侯败狄于箕，获白狄子，先轸死焉。栾武子曰："韩之役，惠公不复舍；邲之役，三军不振旅；箕之役，先轸不复命；晋国之政，固有大耻三。"郤至亦云然。则箕之丧师，与韩邲同，皆晋人引为奇耻深痛者。而《春秋》以为晋人败狄于箕，殆因晋史之讳辞也。先轸免胄，更《左氏》之夸诬。凡《左氏》于晋多饰辞，其述介之推遂隐而死，晋以绵上为之田，曰"以志吾过，且旌善人"。而《庄子》述子推事，以为文公入而背之，《左氏》所云，未足据也。狄立国强而拓地广，盖自今甘肃陕西之北，以及山西之北，而南下沿河北山西之间，以及河南，抵于山东，若封豕，若修蛇，长驱深入，东西侵寇，为祸已极。自宣王北伐，以至于魏赵灭中山而后已。由是观之，仲尼"被发左衽"之惧，不诚然哉？狄之为祸，固远过于吴楚也。

狄入济兼并长狄

隐二年　　　鲁侯会戎于潜，戎请盟；公辞。既，
　　　　　　戎又请盟；秋，鲁侯及戎盟于唐，复
　　　　　　修旧好。

　七年　　　初，戎朝于周，发币于公卿，凡伯弗
　　　　　　宾。冬，王使凡伯聘于鲁，还，戎伐
　　　　　　之于楚丘，以归。

桓二年　　　鲁侯及戎盟于唐，修旧好也。

庄十八年　　鲁侯追戎于济西。

　二十年　　齐人伐戎。

　二十四年　戎侵曹，曹羁出奔陈，赤归于曹。

　二十六年　春，鲁伐戎。夏，公至自伐戎。

　　《左氏》文十一年："狄侵齐，遂伐鲁，叔孙得臣
追之，败狄于咸，获长狄侨如。"鲁败狄而长狄侨如
获，于是知长狄之服属于赤狄也。故晋灭潞氏亦获长狄
焚如。《左氏传》曰："初，宋武公之世，鄋瞒伐宋
（在春秋前），司徒皇父帅师御之，以败狄于长丘，获
长狄缘斯。晋之灭潞也（在宣十五年），获侨如之弟焚
如。齐襄公之二年（在桓十六年），鄋瞒伐齐，齐王
子成父获其弟荣如。卫人获其季弟简如。鄋瞒由是遂
亡。"夫长狄之为祸东夏亦巨矣！而事举不见书于《春

秋》，斯亦大异。及考长狄所侵之国，曰鲁，曰宋，曰齐，曰卫，于斯亦足知长狄居土之所在也。而春秋初年之戎，其所交接之国，亦曰鲁，曰齐，曰曹，则戎之居土与长狄同也。庄之二十六年，鲁伐戎，三十二年，狄伐邢，自是之后，戎遂不见于《春秋》，然后知长狄之即戎也。昔贤疑长狄兄弟数人，岂能恣暴数国？而先后见灭，历时过久，亦不合人年。依《史记·宋世家》言："昭公四年，宋败长狄缘斯于长丘。"《年表》同，则在文十一年，为昭公事，非武公也。《齐世家》言："惠公二年，长狄来，王子城父攻杀之。"《年表》同，则在宣之二年，为惠公事，非襄公也。是史公所述，无不合人年之过。岂今之《左氏传》，文有误耶？《吕氏春秋·勿躬》言："管子复于桓公曰：平原广城，车不结轨，士不旋踵，鼓之，三军之士，视死如归，臣不若王子城父。请置以为大司马。"《晏子春秋·问上》："晏子对景公曰：先君桓公，军吏怠，戎士偷，则王子成甫昵侍。"《韩非·外储说左下》谓之公子成甫。《管子》《说苑》《新序》并有此文。足明王子成父在桓公时。由襄公二年至桓公元年为十一年，王子成父可在襄桓两世任将率，则《左氏》之文不误。由桓公之十年至惠公之二年，殆七十年，则王子成父不得于齐惠公时尚任军将，盖又史公之言误矣。倘兄弟云者，指长狄后来之部族言之耳。

仲尼曰："汪芒之君，守封嵎之山，为漆姓，在虞夏商为汪芒氏，于周为长狄。"韦昭曰："周世其国北迁，为长狄也。"盖防风之裔，其迁于北，自号曰"鄋瞒"；而诸夏谓之"戎"。及赤狄失南阳东阳，渡河而东，已兼戎而一之；以服属于狄，故别之曰"长狄"。自鄋瞒并于赤狄，而狄遂侵齐，侵鲁，侵宋，侵卫，于是知狄之所侵者，即昔日戎与长狄之所侵；狄服鄋瞒而资焉以侵暴东夏，殆鄋瞒实为之伥。然后知长狄之事不书于《春秋》，其前固号之曰戎，故见戎而不见长狄。自鄋瞒臣服于赤狄，故于后惟见狄而不见戎与长狄。及晋之灭潞，荀林父败赤狄于曲梁，在河北永年县东北。潞氏与鄋瞒首尾中断，不能相顾，狄亡而长狄与之同亡。晋地于是及今之山东，自朝歌、邯郸、百泉，迄于乾时、冠氏，以抵于范，并入于晋，皆狄之土也。其东端亦即长狄之土也。晋灭狄而邑士会于范，以雄据于东，长狄遂不复存也。戎既为长狄，其在春秋之初，尚修职贡于王，亦与诸夏之会盟也。鲁人追之，齐人伐之，则其侵患于齐鲁也。戎侵曹，羁奔而赤归，是戎之出羁以纳赤，俨如秦人之置晋君。曹于春秋之初，固非弱小，况此正齐桓霸业方隆之际，戎乃跳梁若是，则戎之势亦可见也。戎在鲁西，乃鲁之伐戎，春兴师而夏振旅，历时盖久，则戎之未易克也。以方张之狄，而益之以顽强之戎，岂非如虎而戴之角哉？

自狄并郧瞒，据东夏，以患齐鲁宋卫者垂六十年而后灭，祸亦烈矣！杜预云："陈留济阳县东南有戎城。"为后曹州府曹县楚丘城，此戎之居，即长狄之居也。《齐策》言："田单攻狄，三月而不克。"徐广注："今乐安临济城。"《地理志》千乘郡有狄县。《续汉·郡国志》："乐安国临济县本狄，安帝更名。"于后为青州府高苑县临济城。此潞氏既灭，狄之余烬，亦去商鲁徙于齐北滨海之居以自存，而田单又攻之。苏代曰："北夷方七百里，加之以鲁卫，此所谓强万乘之国也。"自狄走滨海之区，犹方七百里，宜田单攻之三月而不克，乃厉气循城，立于矢石之所，援枹而鼓之，狄人乃下，是狄走齐北固尚未可轻也。《榖梁传》曰："长狄弟兄三人，佚宕中国，瓦石不能害，叔孙得臣射其目，身横九亩，断其首而载之，眉见于轼。"《左氏》言："齐获长狄侨如，富父终甥椿其喉以戈，杀之。"而《国语》言："禹戮防风氏，其骨节专车。"此长狄之为异种巨人也。《吕氏春秋》言："赵攻中山，中山之人曰吾丘鸠，衣铁甲，操铁杖以战，而所击无不碎，所冲无不陷，以车投车，以人投人，几至将所而后死。"此亦巨人，而长狄之余种也。长狄灭而其裔或合于后之鲜虞，亦见长狄之与赤狄先已并为一也。

狄兼并代戎

春秋之初，北戎亦诸夏一祸梗也。自狄祸发于邢卫，而北戎遂不复见，然后知北戎之于狄，与鄋瞒之于狄，其事一也。《后汉书·西羌传》引《竹书纪年》言"晋人败北戎于汾隰"，"邢侯大破北戎"，其事皆在春秋前。入春秋，隐之九年，北戎侵郑。桓之六年，北戎伐齐。知北戎之居在晋邢郑齐之近地。《晋语》谓："赂草中之戎，以启东道。"审其方位，当即北戎，是草中之戎即北戎也。《穆天子传》亦记草中之戎，则其居晋之东历时已久。《左氏》庄二十八年传："晋献公娶二女于戎，大戎狐姬生重耳，小戎子生夷吾。"《四书释地》言："交城县为狄地，舅犯实生于其地。"知大戎在太原之交城。此大戎即北戎，初在交城，故晋败北戎于汾隰。"代戎即北戎"，则大戎即代戎，是犹大山（泰山）之为代山，为岱宗，其义一耳。籍谈曰："晋居深山，戎狄之与邻，而远于王室。"惠王曰："唐叔受之，以处参虚，匡有戎狄。"宰孔曰："晋侯景霍以为城，汾河涑浍以为渊，戎狄之民实环之，汪是土也。"盖晋之西北为狄，其东南为戎久矣。杜预以北戎即山戎，其说盖误。江永曰："山戎为无终，在直隶永平府。北戎当在河北。"北戎之所在，虽难确指，而江说近之也。

自狄下太行，实已并北戎而一之。其灭邢卫，侵周郑，殆北戎又为之长。在昔未尝见狄祸，狄处晋西，未东走也；故惟见北戎之祸。于后惟见狄而不见北戎，则狄来而北戎为之属也。隐九年："北戎侵郑，郑伯御之。患戎师，曰：'彼徒我车，惧其侵轶我也。'公子突曰：'使勇而无刚者，尝寇而速去之，君为三覆以待之。'从之，戎人之前遇覆者奔；祝聃逐之，衷戎师，前后击之，尽殪。戎师大奔。十一月，郑人大败戎师。"则北戎之挫于西也。桓六年传："北戎伐齐，齐侯乞师于郑，郑太子忽帅师救齐。六月，大败戎师，获其二帅大良少良，甲首三百，以献于齐。于是诸侯之大夫戍齐。"则北戎又挫于东。皆郑之力也。桓十年传曰："初，北戎病齐，诸侯救之，鲁以周班后郑。"知北戎亦劲寇也，以齐之强当戎寇，亦乞师于诸侯而后克，既克而诸侯之大夫又戍之，则北戎之不可侮。以猖狂之狄，又得劲戎以为助，岂非如虎而傅之翼哉？

自狄见于《春秋》，而北戎遂不复见。惟僖之十年狄灭温，齐侯许男伐北戎，盖狄锋西向以病周，桓公乘隙攻其后，殆为牵制之图，而周郑之祸终不可解。及晋灭赤狄，而北戎盖与之俱亡。《后汉书·西羌传》言："赵亦灭代戎，即北戎也。"入战国代居赵北。是潞氏亡后，北戎亡走云朔，代其自号，而北戎则中国名之。北戎为代，山戎为无终，故知杜预以北戎即山戎者，误也。《吕氏春秋》言："襄子上于夏屋，以望代俗，其乐甚美。于是襄子曰：'先君必以此教之也。'及归，虑所以取代，乃先善之。代君好色，请以其弟姊妻之，代君许诺。弟姊已往，所以善代者乃万故，马郡宜马，代君以善马奉襄子，襄子谒于代君，而请觞之马郡，尽先令舞者置兵其羽中数百人。先具大金斗，代君至酒酣，反斗而击之，一成脑涂地；舞者操兵以斗，尽杀其从者。"《燕策》张仪云："赵王欲并代，约与代王遇于句注之塞，与代王饮，因反斗而击之。"《赵世家》《六国年表》事并在襄子元年，杀代王及从官，遂兴兵平代地。始晋破北戎，及襄子平代，代戎有国，视潞氏中山，历世为最久也。《寰宇记》言："代本北狄，姜姓国。周末强大称王。"于后山西大同府，及代州之繁峙，河北宣化府，及易州之广昌，皆为代地。据土亦最广也。

盖自犬戎为祸，狄遂鸱张而东，追貉亦因之绎骚，诸夷不靖，特诸夏漠然视之耳。北戎南侵，盖逼于群貉。邢晋两败之。于后郑庄方强，复两败之，北戎无所走而貉遂东，山戎以病燕也。值齐桓之崛兴，破屠何，斩令支，刜孤竹，禽狄王，以靖山戎。于是燕之祸戢，而貉入辽西东也。伐山戎而禽狄王，亦见貉之祸，实狄逼之，则齐桓之功亦显也。山戎伐而赤狄南下太行，昔者郑能再败北戎，兹则郑师且翱翔河上，周与之南阳而不能有。昔者齐越千里之险，北伐山戎，兹则城河济而守之，迁邢卫于南河之外。则齐郑已无能为力。虽然，无齐则无以制狄之东逸也。狄之灭温侵周，于是晋文又创狄而复河内。非郑庄小霸，则北戎已于时横决而东西，未可知也。北戎之南也，阻于郑而山戎遂东。犬戎之东也，阻于郑而群戎又南。郑之有造于诸夏者，岂浅末哉？方北土绎骚，晋人东败北戎于汾隰，伐东山皋落氏，伐骊戎，伐狄徂，以斩其妖氛。西城蒲屈，以启土于广莫。周桓公曰："我周之东迁，晋郑焉依。"郑叔詹曰："吾先君武公，与晋文侯戮力一心，股肱周室，夹辅平王。"晋随季曰："昔平王命我先君文侯曰：与郑夹辅周室。"宗周既灭，戎狄披猖，东向为暴，非晋持于北，郑持于南，灭国启疆，东西支拒，则衰周一发，未知所存，而诸华其为鱼乎？《春秋》之作，惟奖桓文，斯皆以功在东夏言之耳。至郑武庄以来西土之事，若无足论者，斯皆言史之憾矣。

黄河首次改道为狄祸

《周谱》记周定王五年河徙，此为国史上黄河改道之第一次。《汉志》所谓"魏郡邺，故大河在东，北入海"。此禹河也，胡渭氏考之最晰。《水经注》所谓大河故渎者，此定王五年以后迄于汉世之河也，言《水经》者类能言之。禹洒二渠，自黎阳宿胥口一北行为大河，一东流为漯水。河徙自宿胥口，东行漯川，于王莽世空，又谓之莽河，河徙经躔，其迹明著，而河徙之故，则言者未审。盖自鲁僖之末，迄于鲁宣之初，正狄祸横决于东夏时也。其前，狄固汲汲西向以病周郑，而宋、鲁、齐、卫（迁于河南之卫）无狄祸，祸在西也。晋败狄于西，于是僖末宣初之间，狄七侵齐，再侵鲁，再侵卫，一侵宋，则东进益遥。正以狄之阻于西而肆于东耳。于是周郑无狄患。周定王五年河徙，当鲁宣公之七年，适为狄祸方张，据有河内，汲汲东侵之际，而河遂决于宿胥，得无故耶？案其时地，宿胥正控制于狄人之下，而河适于此决口改道，殆赤狄为之也。方狄灭邢卫，居河内殷墟，而大河北行，限其东逸之足，狄不便河之北，而必决之使东者势也。《史记》言："齐桓公救燕伐山戎，至孤竹而还。燕庄公送桓公入齐境。桓公曰：诸侯相送不出境。于是分沟割燕君所至与燕。"此明齐境之北接于燕也。《尚书中候》言："齐桓之霸，遏八流以自广。"言塞九河之八也。知自燕而南，九河之域，皆齐所有。故管仲说："东至于海，西至于河。"此言禹河以东，毕为齐地。自河徙以后，下至战国，《汉·沟洫志》言："齐与赵魏，以河为境。"此莽河也。昔者齐西境至于禹河，后则齐西境仅至莽河，禹河以东地，齐已失之于三晋。殆河徙而两河间地狄取之齐，晋又灭狄而有之，三家分晋然后赵魏有之。齐始终以河为境，河徙而齐境以蹙，则河决实狄为之，因以争地于东夏无惑矣。

群狄建国拓地之广

狄东侵及于齐鲁宋卫，及晋灭赤狄而东地至于范，以邑士会，知范为狄所侵有之土，晋灭狄而后有之。于是自朝歌、百泉、邯郸、乾侯、冠氏、英丘、曲梁、鸡泽、寒氏、木门、中牟、沙鹿、雍榆，毕为晋地。顾栋高论晋之疆域谓有今（清）河北之元城、邯郸、清河、永年、顺德、邢台、唐山、任县，河南之浚县，山东之恩县、冠县、范县。于春秋不见晋人东削齐地，而晋境突接于济者，盖皆狄夺之诸夏，及狄之亡而后晋有之，晋灭狄而后士会邑于范称范氏（《春秋大事表》说）。此为晋得之狄，而非夺之诸夏明矣。《水经注》："河水径四渎津，河水东分济，东北流径九里，与清水合，故济渎也。昔赵杀鸣犊，孔子临河而叹，自是而返。夫《琴操》以为孔子临狄水而歌矣。余按临济故狄也，是济所径，得其通称也。"此言清水故济渎，孔子谓之狄水。余别撰《古地甄微》，论瓠河、济渠、将渠、邓里之同实异名，皆清水也。道元以清水济渠即狄水，盖自瓠子河于范县与济濮枝渠合，即得清水济渠之名，由此以下至洛当皆清水，于古亦名狄水。将渠受河于范县西，即为狄水受名之所自始。惟狄水之经临邑，而晋地有英丘。惟将渠之即狄水，而晋地有范。狄水入济，故后田单攻狄在高苑。余狄由济而东北逃迸也。晋既灭狄，哀十年晋伐齐取犁及辕。犁为山东之临邑，辕为山东之禹城。晋灭狄遂可拓地于齐也。《国策》所谓范中行之途者，晋灭狄而以范为士会食邑。荀林父灭潞，则中行氏之食邑为潞之故土可知也。然士会所灭者为铎辰，则范冠一带地为铎辰之故土又可知也。旧不知铎辰立国之地，亦不知中行氏食邑所在，汉晋以来注家于此二事皆无说，由斯而论，其事有可推而得者。赵鞅灭范中行而有其地，又知其皆狄地也。《竹书》言："齐围赵平邑。"又言："取平邑。"《秦策》言："秦公子异人质于赵，处于廓城。"《史记·吕不韦传》正义引作聊城。平邑聊城皆在将渠一道。《赵策》言："赵王因割济东三城合卢、高唐、平原，陵地城市邑五十七，命以与齐。"程恩泽言："三城俱属今济南府，实皆在济北。"卢为今长清县，高唐为今禹城县，平原为今平原县。此谓之济东者，则以在济渠将渠之东也。此非济之经流，亦受济名，即狄水也。《瓠子河注》："将渠受河于范县西北，又东会济渠，自下通谓之将渠，北径范城东，俗又谓之赵沟，非也。"此清水一道，狄居之，因有狄水之名，赵得之，又有赵沟之名，而道元疑之傎矣。

将渠受河于范县西，此为东溪以下之河，而非六国之河。西汉六国之前，狄水将渠不得受河也。道元于此未有说。考《汉志》言："赵地南至浮水、繁阳。"《水经注》言："河水又东北径范县之秦亭西，河水又东北经委粟津，大河之北，即东武阳也。左会浮水故渎，故渎上承大河于顿丘县而北出，东径繁阳县故城南，张晏曰县有繁渊，亦谓之浮水焉。故《志》曰赵南至浮水繁阳，即是渎也。故渎东绝大河故渎。"夫河水径委粟津，大河之北即东武阳，于此左会浮水。河水又东径武阳县东范县西而东北流，此王莽以后之河。浮水入河于东武阳，将渠受河于范县。是将渠之首，即接浮水之尾。王莽以前，河自长寿津北行，不至东武阳，浮水不入将渠则无所注，将渠不受浮水则无所源，则浮水将渠之为一道明矣。赵地南至浮水，东出将渠，达于清水，将渠为赵地，故后有赵沟之称，清水为狄地，故古有狄水之目。浮水于顿丘受河，惟周定王五年河徙东行漯水，又于长寿津北行，始得至于顿丘。然后别出浮水，东行为狄水。称孔子临河而返，是狄水亦得河之名，狄既决河使徙，又乘浮水东下以争地，晋灭狄而狄地分于范中行，赵灭范中行而狄地又为赵境，河徙以前，河不至顿丘，应不得有浮水。然则浮水者岂河徙同时始有之川欤？狄因乘此以东侵，赵地得至于济域者，以狄地之先至于济域也。殆浮水亦狄之所决也。

卫自懿公死于荧泽，文公渡河庐于曹，而河内殷墟，遂为狄有。晋灭狄而河内又属于晋。然由后来之事考之，卫之新筑在魏县，卫之马陵在元城，卫琐亦在元城，其地并在大河之北。卫之懿氏在开州，或亦在河。卫地复有在河北者，入战国而魏有之。衡以当时之情势，据《左氏》所记，成三年，"晋郤克、卫孙良夫伐廧咎如，讨赤狄之余焉"。晋人合卫师以讨狄，狄溃而卫之失地以复，汉晋注家旧不知廧咎如国地所在，由此而言，则马陵新筑一带，正廧咎如立国处也。卫地不可全复者，郤克所得之地，卫固不能有之。留吁、潞、甲之灭，而卫不与焉。则卫地之不得尽复者，殆以兵不出耳。晋以宣十五年灭潞氏，立黎侯。知潞氏据土最广，南有黎地，北有潞城。黎侯之国，杜预说在上党壶关县。潞灭而黎侯之国复。宣十六年灭甲氏，甲氏在鸡泽，则五鹿乾侯一带，皆甲氏之土也。赵地仅南至浮水者，非以狄地仅南至浮水，特范中行之地，南至浮水耳。孙良夫所复之地，无由属之赵氏也。

晋灭赤狄

宣六年　　赤狄伐晋，围怀及邢丘。

　七年　　赤狄侵晋，取向阴之禾；白狄及晋平。

八年　　　晋师白狄伐秦。

十一年　　晋侯会狄于攒函。

十三年　　赤狄伐晋，及清，先縠召之也。

十五年　　晋败赤狄于曲梁，灭潞氏，以潞子婴儿
　　　　　归，酆舒奔卫，卫人归诸晋；晋人杀之。
　　　　　晋侯治兵于稷以略狄土，立黎侯而还。

十六年　　晋灭赤狄甲氏及留吁、铎辰，献狄俘
　　　　　于周。

成三年　　晋郤克、卫孙良夫伐廧咎如，讨赤狄之
　　　　　余焉。廧咎如溃，上失民也。

　　狄自陕西之西北出晋北，而东南下据山西河北太行一带，入河南，据山东腹心之地，绵亘数千里。宣之四年，赤狄侵齐，白狄侵秦，东西并举，蔚然一大国也。鄢陵之役，郤至（主战）曰："韩之战，惠公不振旅；箕之役，先轸不反命；邲之师，荀伯不复从；皆晋之耻也。今我避楚，又益耻也。"而范文子（主不战）曰："吾先君之亟战也有故，秦狄齐楚皆强，不尽力，子孙将弱。今三强服矣，敌楚而已。"盖晋之西则秦，败晋于韩；南则楚，败晋于邲；北则狄，败晋于箕；而东则齐。皆大国，晋之劲敌也。狄比秦齐为三强，明狄为大国，势非弱小。宋郑之俦，莫可与较。往昔儒者不甚重视，故此绝大史迹，忽而不详耳。

总其前后观之，晋城蒲屈，曰："狄之广莫，于晋为都。"则游牧之族，逐水草而居，未尝有边围之固。采桑之役，里克曰："惧之而已，无速众狄。"则种落离散，不相统率，狄之合并为一巨国，盖在斯时也。僖之三十二年，狄有乱，三十三年而白狄之名遂见于《春秋》，是乱者即赤狄白狄之分裂内讧，则狄已将由合而复分。僖之三十一年，狄围卫，卫迁于帝丘，而三十二年即内讧，当以既创于晋，渡河围卫东走之后，壤地广而势将散也。攒函之会，郤成子求成于众狄，众狄疾赤狄之役，遂服于晋，则种落离贰，狄遂由合而散也。宣之十一年，会狄于攒函。宣之十五年而晋师灭赤狄潞氏，种落分崩，而败亡立至。攒函之会，诸大夫欲召狄。郤成子曰："吾闻之，非德莫如勤，非勤何以求人。"曰求成于众狄，晋侯躬往狄地以成会，此犹见狄之势，而晋之卑牧，故曰："使疾其民，以盈其贯，将可殪也。"会后四年而潞氏灭。宣六年，赤狄伐晋，围怀，及邢丘。七年，赤狄侵晋，取向阴之禾。怀、邢丘、向阴，此晋之南阳也。狄复欲由灭温之道以西侵，自非复晋之所能忍也。潞子婴儿之夫人，晋景公之姊也，酆舒为政而杀之，又伤潞子之目。伯宗曰："必伐之，狄有五罪：不祀一也，耆酒二也，弃仲章而夺黎氏地三也，虐我伯姬四也，伤其君目五也。怙其俊才，而不以茂德。夫恃才与众，亡之道也，商纣由之，故灭。

天反时为灾，地反物为妖，民反德为乱，尽在狄矣。"晋侯从之，灭潞。是赤狄之亡，恃才与众以疾其民，众狄疾赤狄之役，狄散而潞氏亡，此赤狄之暴也。

众狄之合而为一大国，盖潞氏主其盟。狄侵鲁西鄙（文七年），赵宣子使问酆舒且让之。晋灭赤狄潞氏，而酆舒奔卫，酆舒为潞子之相，则凡春秋前之言狄者，皆赤狄潞氏也。攒函之会，为一大关键：前此皆狄侵诸夏，后此皆诸夏侵狄，狄散而潞氏孤立，不可幸存。盛衰之故，可以概见。灭潞而东夏无狄虞，披狂之寇，忽焉以殒。晋败赤狄于曲梁，灭潞氏，曲梁为河北之永年县。潞氏居山西之潞城，以封豕修蛇之势，侵暴东夏。与曹州之鄋瞒相首尾。晋师于曲梁，则狄之首尾不相救，一战而潞氏鄋瞒皆亡。于是太行而东无狄祸。晋又以宣十六年灭赤狄甲氏及留吁铎辰，成三年晋伐廧咎如，讨赤狄之余焉。甲氏在河北之鸡泽，留吁在山西之屯留，数年之间，而赤狄尽矣。以弭兵之会，而白狄朝于晋楚，聘于齐，服于秦，狄之衰未有过于此时者。晋灭潞则立黎侯，于是而黎侯之国复也。晋讨廧咎如则合卫师，于是而卫之失土复也。春秋僖文之世惟言狄，即赤狄潞氏也。宣之世赤狄白狄并见，则东西已分裂也。成襄以后惟言狄，则白狄；以赤狄已亡，无俟分殊也。《穀梁传》曰："其曰'潞子婴儿'，贤也。"《公羊传》曰："潞子之为善也，躬足以亡尔。离于夷狄，而未能合于中国，晋师伐之，中国不救，狄人不有，是以亡也。"明潞氏之以众叛亲离而亡也。

《潜夫论》言："隗姓赤狄。妘姓白狄。"又言："妘姓之后，封于鄢、会、路、偪阳。路子婴儿，娶晋成公姊为夫人，酆舒为政而虐之。晋伯宗怒，遂伐灭路。"此所论之路，即《左氏》赤狄潞氏事也。赤狄隗姓，而潞子妘姓，此赤狄于潞，倘亦武羌之于魏，戎人之于芮耶？《新书》言："狄王使使至楚，楚王夸使者以章华之台，曰狄国亦有此台乎？使者曰否，狄窭国也，恶见此台也。狄王之自为室也，堂高三尺，壤陛三絫，茅茨弗剪，采椽弗刮。"以于晋为都行国之狄，东之太行，于是堂陛采椽，斯其为合不同文化之人为一国可见也。《郑语》史伯曰："当成周者，北有卫燕狄鲜虞潞洛泉徐蒲。"此当幽王之世，鲜虞潞洛，已国于北土耶？但地亦未易指实。妘姓之路，与涿郡方城妘姓之韩为近。谅潞之与韩，同为貉族耶？隗姓之狄，自西而至，于是君则潞氏为貉族，而政则酆舒其部民为狄族。族姓异而文野亦因之不同也。（惟《国语》文多可疑。此所谓徐，即戎之徐吾氏。泉为戎之泉城，即泉皋之戎。洛为皋洛氏。释者以蒲即重耳居蒲。皆不在成周之北，何也？《国语》所记如齐桓公征攘之比，考之《左氏》，常有失实，故柳氏非之。此之所言，显有未合。既言狄，又言鲜虞潞洛，皆未易知。倘狄字为校识之文，而衍入正文耶？蒲不为戎，倘徐蒲为句，即徐吾之异文，而注者误耶？此诸国于西周之末居何地，参差未易考实。或后人据入春秋后事，羼杂文间，事或然也。）

《日知录》言："曲沃伯以一军为晋侯，其时疆土未广，至献公始大。考之于传，不过今平阳一府之境。灭虢灭焦，则跨大河之南。文公始启南阳，得今之怀庆。若霍太山以北，大都皆狄地，不属晋有。悼公用魏绛和戎之谋，以货易土。平公用荀吴，败狄于太原，于是晋之北境，至于洞涡、雒阴之间。而邬、祁（并今祁县）、平陵、梗阳（今清源县）、涂水（在今榆次县）、马首盂（今盂县）为祁氏之邑。晋阳（今太原县）为赵氏之邑矣。若成公灭赤狄潞氏，而得今之潞安。顷公灭肥灭鼓，而得今之真定。皆一一可考。"此可见狄土之广，而狄之大有资于晋也。

羌狄与晋民融合

《属羌钟》云："唯廿又再祀，属羌作戎氏辟旝宗敲。率征秦迮齐，入竛城，先会于平阴。武侄恃力，嘼夺楚京。赏于旝宗，命于晋公，昭于天子。"则此旝为晋六卿之韩无疑。旝宗而曰"戎氏辟"，君也。则韩其君而属羌为之民。《水经·河水注》引《竹书纪年》："晋武公七年，芮伯万之母芮姜逐万，万出奔魏。八年，周师虢师围魏，取芮伯万而东之。九年，戎人逆芮伯万于郏（旧作"郊"，误，依《路史》引改）。"芮为姬姓旧封，万之复国，以戎人逆之，则万其君而戎其民也。全祖望言："大荔之戎，亦名芮戎。"知大荔至芮，初固臣属为之民。厹羌于韩，事亦犹此。《韩世家》言："韩之先与周同姓，姓姬氏。其后苗裔事晋，得封于韩原，曰韩武子。"夫晋献公城蒲屈，尚曰"狄之广莫，于晋为都"，是河东已为狄所渐居，况河西固诸戎之窟穴，武子居韩原，匡有群羌，固事之宜然者也。而《世本》以韩为曲沃桓叔之子万，与《史记》不同。然桓庄之族逼，士萳诱杀群公子，故晋无公族，岂韩氏独能幸存耶？则《世本》之说，为不足信，韩之姓姬，亦犹骊戎大戎之姓姬耳。《史记》言"与周同姓"，固不必即周之子孙也。赵自造父封赵，于《穆传》在周西。赵夙居耿，耿始名赵。赵为北唐之戎，宜亦挟其人以俱来，赵韩之事，盖一辙也。《魏世家》言："魏之先，毕公高之后，与周同姓。武王伐纣，而高封于毕，其后绝封为庶人，或在中国，或在夷狄，其苗裔曰毕万，晋献公灭魏，以封毕万为大夫。"《毕鲜殷》言："毕鲜作皇祖益公尊殷。"而《羌伯殷》言："王命益（释益）公征眉敖，益公至告。二月，眉敖至见献賮。己未，命仲侄归羌伯像裘，王若曰：'羌伯，朕丕显考文武，膺受大命。乃祖克賈先王，翼

自他邦，有芇于大命……'羌伯拜手稽首天子休。用作
朕皇考武羌几王尊毁。"此益公宜即毕鲜之皇祖，而高
之子庶。吴北江言："此外国降君，其考有武羌几王
之号。"益公固受王命以征此武羌者。《屎敖毁》言：
"戎献金于子牙父百车，而锡鱼屎敖金十钧。"屎敖释
即眉敖。《屎毁》："屎作皇祖益公，文公，武伯，皇
考鼙（共）鼍彝。"屎亦即屎敖字，益公固伐武羌而眉
敖至，倘武羌已属于益公，而后屎复以益公为皇祖，乃
自托于苗裔，是毕高之后，抚有武羌而君之，此所谓或
在夷狄者乎？而毕万者其为高之苗裔？抑武羌之苗裔，
皆未易知。眉即秦徙都之郿，地接于毕，倘益公招之以
来，而武羌至渭域也。韩先居陕西之韩城，后徙居山西
之芮城，又徙河南。魏居山西之芮城，后迁霍县，又徙
安邑。盖亦挟其人以俱往。则于时戎狄入居中土，为诸
夏之臣庶，何可胜数，岂特狐偃狐毛辈，始以戎种而
为晋之大夫哉？芮以大荔之戎，赵以北唐之戎，韩以屬
羌，魏以武羌，晋诸大夫之资戎狄以有国邑者实众，特
未易考耳。《左氏》宣十五年传："晋侯赏桓子狄臣千
室。"盖晋灭潞甲肥鼓之属，东地至于范观，则被发之
人，散为编户，又可知也。戎羌世接诸夏，与文教相习，
故往往入居封内，杂于臣仆。狄之文化低而武力强，与诸
夏习俗远，故初尚驰突为祸，历久而后服属也。白狄亦姬
姓，又曰己姓、子姓。韩魏姬姓，倘亦此之类乎？

第五　白狄东侵

白狄东徙太行

宣七年　赤狄侵晋；白狄及晋平。

八年　晋师白狄伐秦。

十一年　晋侯会狄于欑函。

十五年　晋灭赤狄潞氏。

成九年　秦人白狄伐晋。

秦又召狄与楚，道之伐晋。

十二年　晋人败狄于交刚。

襄十八年　白狄朝于鲁。

廿八年　白狄朝于晋。

昭元年　晋败无终及群狄于太原。

十二年　晋伪会齐师者，假道于鲜虞，遂入昔
阳，灭肥，以肥子绵皋归。

晋伐鲜虞，因肥之役也。

十三年　晋自著雍以上军侵鲜虞，及中人，驱冲
竞，大获而归。

十五年　晋荀吴伐鲜虞，围鼓。三月，以鼓子载
　　　　　鞁归。

廿一年　鼓叛晋（晋将伐鲜虞）。

廿二年　晋之取鼓而反鼓子焉，又叛于鲜虞。荀
　　　　　吴略东阳使师伪籴者，负甲以息于昔阳
　　　　　之门外，遂袭鼓灭之。以鼓子载鞁归。使
　　　　　涉陀守之。与鼓子田于河阴，使夙沙厘
　　　　　相之。

定三年　鲜虞人败晋师于中平，获晋观虎。

四年　　晋士鞅、卫孔圉帅师伐鲜虞。

五年　　晋士鞅围鲜虞，报观虎之役。

十四年　晋范中行之乱，率狄师以袭晋，战于
　　　　　绛中。

哀元年　齐鲁卫鲜虞人伐晋，救范氏。

三年　　齐卫围戚，求援于中山。

四年　　荀寅奔鲜虞，齐伐晋，会鲜虞纳荀寅于
　　　　　柏人。

六年　　晋赵鞅帅师伐鲜虞，治范氏之故也。

悼十年　晋荀瑶伐中山，取穷鱼之丘。

十四年　赵无恤伐狄，胜左人中人。

自狄有乱，而翌年白狄见于春秋。则狄之乱，为赤
狄白狄之分裂也。晋败狄于箕，而郤缺获白狄子，见狄

当初分，而白狄尚属于赤狄，相从战伐。以至文十三年，狄侵卫，知白狄尚未叛赤狄以去，故惟书曰狄。宣三年，赤狄侵齐，则分别言之，知已分二国。白狄之离赤狄而独立，在此时也。宣之七年，赤狄侵晋，而白狄及晋平，其对外关系，显相背驰，是自为部落，各有其土地政事，自是而狄师不出也。《潜夫论》言："隗姓赤狄，姮姓白狄。"又言："汉有隗嚣季孟，短即犬戎氏。"此即释上文之说也。汪继培校云："短当为姮，上云姮姓白狄是也。"是知白狄为犬戎之族，与赤狄殊种，故文野不同也。明人本《潜夫论》多作"婤姓白狄"，当为误字。《续汉志》以鲜虞为子姓，韦昭注《国语》以为姬姓，或又以为己姓，群书言各不同，则以音近而译互殊。若夫说中山姬姓，即以为周之别子，是未知狄之姬，固无与于周之姬耳。《左氏》哀十七年传："（卫庄）公自城上见戎州己氏之妻发美，髡之以为夫人髢。又欲剪戎州。……庄公惧，逾北墙折股，入己氏。己氏杀之。"时卫都帝丘，在大名之开州。必戎州近在卫郊，乃可见发，此时正白狄来据太行，或已渐居卫境。白狄之鼓，正己姓也。以《左氏》验之，白狄己姓，为说亦谛。旧以《左氏》戎州己氏之戎，为长狄之后。一在开州，一在曹州，居地悬隔。浑为一者，经师之误也。白狄姮姓，而鲜虞子姓。是亦赤狄隗姓，而潞子妘姓之比也。

宣之八年，晋及白狄伐秦，成之九年，秦人白狄伐晋，则于时白狄必处于秦晋之间，于势乃可。成十二年，晋人败狄于交刚，交刚在晋西，为陕西之肤施，斯亦白狄在晋西之验。成十三年吕相之绝秦也，曰"白狄与君同州"，此尤为是时白狄犹在雍州之明证。昭十二年，晋假道于鲜虞，入昔阳，遂灭肥。昔阳于今为河北之藁城，白狄肥鼓鲜虞之属，于时已在晋东。则赤狄既亡，白狄于后又沿赤狄之故道以东来，处赤狄太行之旧壤。白狄之徙晋东，知固在鲁襄昭时也。襄四年传："无终子嘉父，使孟乐如晋，因魏庄子以请和诸戎。晋侯曰：戎狄无亲，不如伐之。魏绛曰：劳师于戎而楚伐陈，必弗能救，诸华必叛，获戎失华，无乃不可乎？和戎有五利焉，君其图之。公说。使魏绛盟诸戎。"白狄之来晋东，谅以魏绛和戎之故，而贻后来中山肥鼓之祸，乌睹所谓五利者哉？昭之元年，群狄尚从无终以战晋于太原，则狄已渐来晋北，而无终尚主群狄之盟也。自廧咎如之灭，由成迄昭，殆五十年，而无终兴于其间，至是而白狄方始东来。东夏无狄祸，若斯其久也。

鲜虞来，又代无终以兴，而群狄为之属，以上继潞子之霸业。晋灭肥，复伐鲜虞，因肥之役也。晋灭鼓，以其叛于鲜虞也。是白狄以鲜虞为强，而肥鼓皆属之，忽焉又为晋人东圉一劲敌。鲜虞在河北之正定，鼓在晋州，肥在藁城，而唐县又为鲜虞之中人。陈伯彂氏依张琦说，以为"鲜虞立国凡今新乐、行唐、灵寿、平山、井陉、获鹿、无极、曲阳，及定易唐完诸县，并在其提封之内"。则巍然巨国，岂滕薛所能侔？再合肥鼓计之，则白狄斥地之广可见，千乘不足言也。其败晋师于中平，获晋观虎，则鲜虞已能胜晋。晋士鞅、卫孔圉帅师伐鲜虞，则合二国以图之。范中行之乱，狄师袭晋，战于绛中。齐卫围戚，而求援于中山。皆见鲜虞之遂为强国也。吴楚柏举之事，其先蔡侯如晋，请伐楚。荀寅谓范献子曰："弃盟取怨，无损于楚，而失中山，不如辞蔡侯。"于是唐蔡以吴师入郢。晋人宁释楚而事中山，知中山之足为晋患。此由春秋之末，以入于战国之初，晋人之日以削中山为志者也。

哀六年，赵鞅帅师伐鲜虞。《吕氏春秋》言："赵简子有两白骡，而甚爱之。阳城胥渠处广门之官，有疾，医教之得白骡之肝，病则止，不得则死。简子曰：'杀畜以活人，不亦仁乎？'于是杀白骡取肝以与阳城胥渠。处无几何，赵兴兵而攻翟，广门之官，左七百人，右七百人，皆先登而获甲首。"此之攻翟，盖正伐鲜虞事也。是亦足以益《左氏》之传。《水经·巨马水注》引《纪年》："荀瑶伐中山，取穷鱼之丘。"今本《纪年》在贞定王之十二年，《绎史》引《纪年》在晋出公之十八年，则赵襄子之元年也。《韩非书》："智伯将伐仇由，而道难不通，乃铸大钟遗仇由之君，仇由之君除道将内之，赤章蔓枝曰：'不可，卒必随之，不可内也。'不听，遂内之。赤章蔓枝因断毂而驱至齐，七月而仇由亡。"《吕氏春秋》亦记此事，云"中山之国有夙繇者，智伯欲攻之，而无道也。为铸大钟，方车二轨以遗之。夙繇之君将斩岸堙溪以迎钟。赤章蔓枝谏曰"云云。则仇由者，中山之与国，亦肥鼓之伦也。《西周策》高注："仇由，狄国。"方以智言："今之太原盂县。"今属山西平定县。《国语》："赵襄子使新稚穆子伐翟，胜左人中人。"此亦中山，中人正中山地也。或以为事在晋出公之二十二年。春秋以后，晋犹屡伐中山，此事之略可考见，足补《史记》之阙者也。

魏灭中山与中山复国

《魏世家》言："文侯十七年，伐中山，使子击守之。"于《年表》为赵烈侯之元年。《世本》言："中山武公居顾，桓公徙灵寿，为赵武灵王所灭。"于《赵世家》言："献侯十年，中山武公初立。"为魏文侯之十一年。是武公立七年而中山灭。魏灭之中山，为居顾者也。甘茂曰："魏文侯令乐羊将攻中山，三年而拔之。"《说苑》亦称："文侯曰：'吾以武下乐羊，三年而中山为献于我。'"以天下莫强之魏，攻中山三年而后拔，则中山之势可见。《国策》言："魏文侯欲残中山，常庄谈谓赵襄子曰（鲍本作赵桓子，为是）：魏并中山，必无赵矣。公何不请公子倾（文侯女）以为正妻，因封之中山，是中山复立也。"于时赵居晋阳，南有邯郸。魏居安邑，而北有中山，则赵地可绝。此魏强而赵弱之时，故常庄谈之言为然，而赵之思复中山也。《吕氏春秋》云："晋太史屠黍见晋之乱，以其图法归周。周威公问曰：'天下之国孰先亡？'曰：'晋先亡。'居三年，晋果亡。威公又问曰：'孰次之？'曰：'中山次之。天生民而令有别，有别，人之义也。中山之俗，以昼为夜，以夜继日，男女切倚，固无休息，康乐歌淫好悲，其主弗知恶，此亡国之风也。'居三年，中山果亡。"此言晋亡三年而中山亡，于事不合。然中山亡时，其俗固可见也。《说苑》："赵简子问于翟封荼曰：'吾闻翟雨谷三日，信乎？'曰：'信。''又闻雨血三日，信乎？'曰：'信。''又闻马生牛，牛生马，信乎？'曰：'信。'简子曰：'大哉妖，亦足以亡国矣。'对曰：'此非翟之妖也。其国数散，其君幼弱，其诸卿货，其大夫比党以求禄爵，其百官肆断而无告，其政令不竞而数化，其士巧资而有怨，此其妖也。'"此中山之政为必亡，已先见于简主之世也。

《世本》言："桓公徙灵寿，为赵武灵王灭。"则中山亡于魏，旋又复国居灵寿，此为先后有二中山。

《乐毅列传》言："乐羊为魏文侯将，伐取中山。文侯封乐羊以灵寿，其后子孙因家焉。中山复国，至赵武灵王时，复灭中山，而乐氏后有乐毅。"此桓公徙灵寿，正中山复国事也。中山复国，史所不详，惟《魏世家》武侯九年一见翟败我于浍，此之谓翟，当即中山。败魏于浍之年，为赵敬侯之九年。《赵世家》："敬侯十年，赵与中山战于房子。十一年，赵伐中山，又战于中人。"自翟败魏而次年中山即复见于史，则败魏即中山复国事也。魏自有中山君，故于此但谓之翟，而不谓之中山。中山之灭，于此已三十年，而后复国，所谓桓公徙灵寿者也。败魏于浍之年，《六国表》记韩赵魏同伐齐，至灵丘。三晋方睦，则与赵战房子、战中人者，自复国之中山，不得为魏之中山，故不言与赵魏相战。中山之灭当武公，至斯而桓公复之。《水经·滱水注》言："中山为武公之国，其后桓公不恤国政，二年果灭。"然与《世本》赵灭桓公之国不合，未可据也。

中山称王与赵灭中山

赵敬侯九年　　翟败魏于浍。

　　十年　　　与中山战于房子。

　　十一年　　伐中山，又战于中人。

成侯六年　　　中山筑长城。

肃侯八年	中山君相魏。
武灵王八年	五国相王，中山蓝诸君、宋偃王为王。
十七年	王出九门为野台，以望齐中山之境。
十九年	王北略中山之地，至于房子，遂之代北，至无穷。
二十年	王略中山地，至宁葭。
二十一年	攻中山，赵袑为右军，许钧为左军，公子章为中军，王并将之。牛翦将车骑，赵希并将胡代，与之陉，合军曲阳，攻丹丘、华阳、鸱之塞。王军取鄗、石邑、封龙、东垣；中山献四邑和，王许之，罢兵。
二十三年	攻中山。
二十五年	复攻中山，攘地北至燕代，西至云中九原（依《年表》，《世家》在二十六年）。
二十七年	赵破中山，其君亡，竟死齐。
惠文王元年	三国攻秦，赵攻中山，取扶柳。
三年	灭中山，迁其王于肤施。 齐韩魏赵宋中山五国共攻秦，至盐氏而还。
四年	赵与齐燕共灭中山。 魏救中山，塞集胥口。

《战国策》："中山君飨都士大夫，
司马子期在焉。羊羹不遍，司马子期
怒，而走于楚。说楚王伐中山，中山君
亡，曰：'吾以一杯羊羹亡国。'"楚伐
中山事莫可考，当为《国策》之误，附
记于此。

自翟败魏于浍，后九年而中山筑长城。败魏战赵以
来，国基当已大固。《魏世家》："惠王之二十八年，
中山君相魏。"《索隐》言："魏文侯灭中山，后寻复
国，至是始令相魏。"此未必然。《说苑》言："魏文
侯封太子击于中山，三年，舍人赵仓唐奉使于文侯。文
侯乃出少子挚封中山，而复太子击。"此魏之宗亲自有
中山君，故入为相。斯时中山桓公已复国，而魏之中山
君挚，遂还相魏。魏灭居顾之中山，而鼓后入齐（鼓即
顾）。是魏之中山地失之齐也，《韩非子·说林上》：
"魏文侯借道于赵而攻中山，赵肃侯将不许。赵刻曰：
'君过矣！魏攻中山而弗能取，则魏必罢，罢则魏轻赵
重。魏拔中山，必不能越赵而有中山。是用兵者魏也，
则得地者赵也。'"赵肃侯之元年，为魏惠王之二十二
年，则非文侯也。肃侯之世，中山已复国，而魏尚欲攻
之。于此为魏衰而赵兴之时，故赵刻之言为然，盖欲乘
魏之敝，而收其利。《赵世家》言："武灵王八年，五

国相王；赵独否，令国人谓己曰君。"《中山策》言："犀首立五王而中山后持。"又言："中山与燕赵为王。齐闭关不通中山之使，曰：'我万乘之国也，中山千乘之国也，何侔名于我？'欲出兵以攻中山，蓝诸君患之。"考五国称王，韩燕同在赵武灵王之三年，宋与赵同在武灵王之八年，则中山亦在是年。中山复国，于此六十年，而蓝诸君称王，致国千乘也。

中山王二十三年而赵灭之。赵武灵王曰："先时中山负齐之强，侵暴吾地，系累吾民，引水围鄗，则鄗几于不守也。先王丑之，而怨未能报也。今骑射之备，近可以便上党之形，远可以报中山之怨。"又曰："胡服之功未可知，虽世笑我，胡地中山，吾必有之。"方中山之窃号自娱，而赵人已谋其后。《秦本纪》："昭襄王八年，赵破中山，其君亡，竟死齐。"昭王之八年，赵武灵王之二十七年，此于《年表》《赵世家》皆不载。中山恃齐以侵赵，赵破中山而其君亡死于齐，此亦中山持国之可窥知者。《赵策》曰："楚人久伐而中山亡。"《魏策》曰"中山恃齐魏以轻赵，齐魏伐楚而赵亡中山"，即谓此也。《赵策四》曰："三国攻秦，赵攻中山，取扶柳；五年以擅呼沱。"此不见于《史记》。《赵策三》曰："富丁欲以赵合齐魏，司马浅为富丁谓主父曰：'今我不顺齐伐秦，秦楚必合而攻韩魏，韩魏必怨赵，而亲兵必归于赵矣。'主父曰：'我

与三国攻秦，是俱敝也。'曰：'不然！我约三国而告
之以未构中山也。三国欲伐秦，必听我。中山听之，是
我以三国挠中山而取地也。中山不听，三国必绝之，是
中山孤也。我虽少出兵可也。我分兵而孤中山，中山必
亡；我已亡中山，而以余兵与三国攻秦，是我一举两取
地于秦中山。'"《六国年表》齐韩魏三国共击秦在赵
惠文王之元年，则赵攻中山取扶柳即在是年也。《括地
志》："扶柳故城在信都县。"后在冀州西南三十里。
《世家》："惠文王三年灭中山，迁其王于肤施。"武
灵王以惠文王四年死沙丘宫，而灭中山者武灵王，是灭
中山在三年也。《世家》言"灭中山还归，行赏大赦，
封长子章为代安阳君"是也。《秦本纪》："昭襄王
十一年，齐韩魏赵宋中山五国共攻秦，至盐氏而还。"
昭襄之十一年，当惠文王之三年，中山从五国攻秦。
《年表》："惠文王四年，与齐燕共灭中山。"《齐世
家》："湣王二十九年，佐赵灭中山。"湣王二十九
年，正为惠文王之四年，是《年表》与《齐世家》合。
此亦《春秋》书齐之并纪，亘四年而后纪亡之比也。

《齐策》言："昔者中山悉起而迎燕赵，南战于长
子，败赵氏；北战于中山，克燕军，杀其将。夫中山，
千乘之国也，而敌万乘之国二，再战比胜，此用兵之上
策也。然而国遂亡，君臣于齐者，何也？不啬于战攻
之患也。"中山之亡，能再胜大国不可谓弱。自鲜虞

见于春秋，下及赵灭中山，有国殆三百年；东走太行之白狄，至是然后绝，其为祸固已久矣。须贾曰："卫赵之所以国全兵劲，而地不并于诸侯者，以其能忍难而重出地也。宋中山数伐割地，而国随以亡。"《韩非子》："赵主父使李疵视中山可攻不也，还报曰：'中山可伐也。君不亟伐，将后齐燕。其君好岩穴之士，所倾盖与车以见穷闾隘巷之士以十数，伉礼下布衣之士以百数矣。'君曰：'以子言论，是贤君也，安可攻？'疵曰：'不然！夫好显岩穴之士而朝之，则战士怠于行陈。上尊学者，下士居朝，则农夫惰于田。战士怠于行陈，则兵弱也；农夫惰于田者，则国贫也。兵弱于敌，国贫于内，而不亡者，未之有也。'主父曰：'善！'举兵而伐中山，遂亡也。"此中山之亡事之可略见者。则中山亦尚贤尊学之国，"代君墨而残"，中山与代并墨学所行之国。《吕氏春秋》言："司马喜难墨者师于中山王前以非攻。墨者师曰：'今赵兴兵而攻中山，相国将是之乎？'司马喜无以应。"然则李疵所谓，正墨家之政也。《寰宇记》引《战国策》曰："中山专行仁义，贵儒学，贱壮士，不教人战。赵武灵王袭而灭之。中山之地方五百里，卒为赵并。"中山居山东久，与代为邻，故渐渍于文化者深。视秦处关中，终不知礼义德行者，为有间也。《说苑·权谋》曰："白圭之中山，中山王欲留之，固辞而去。又之齐，又辞而去。人问其故。白圭曰：'二国将亡矣。所学者国有五尽。故莫之必忠，则言尽矣。莫之必誉，则名尽矣。莫之必爱，则亲尽矣。行者无粮，居者无食，则财尽矣。不能用人，又不能自用，则功尽矣。国有此五者，毋幸必亡，中山与齐皆当此。'"《吕氏春秋·自知篇》亦言："宋、中山不自知而灭。"《说苑》所言中山齐已称王，又言中山五割与赵，言齐悉起而距军乎济上，此为武灵齐湣王事，明为后之中山，是亦中山致亡之可考见者也。

第六　东北貉族之移动

山戎东徙

宣之十五年，晋灭潞氏。成之三年，晋卫伐廧咎如，讨赤狄之余焉；而太行之狄尽矣。下迄昭之十二年，晋假道于鲜虞入昔阳，而后白狄又来太行。狄中绝于东者几五十年，东夏无狄祸。狄中绝而无终兴于其间。襄之四年，无终子嘉父使孟乐如晋，因魏庄子纳虎豹之皮以请和诸戎。无终为山戎，自齐桓救燕后，至是始再见，以鸥张之赤狄既亡，而无终复接于诸夏也。昭之元年，晋荀吴败无终及群狄于太原。则狄之既灭，群狄且听命于山戎。曰无终及群狄，则无终主而群狄从之辞也。《正义》曰："北平有无终县，太原即晋阳县，计无终在太原东北二千余里，远就太原，来与晋战。"盖无终在玉田县治西，此山戎病燕时之所在也。无终入战国为无穷，《赵世家》所云"武灵王遂至代北至无穷"是也。《赵策》亦有无穷之门，则无终已去燕东，而西走代边，此来战太原时无终之所在也。狄之既灭，北戎去晋东，走晋北，而有代。山戎走代北而有无终。事则相同，无足疑者。

《赵策》："赵王因起兵南伐山戎。"高注："戎近秦，伐之以逼秦。"是山戎去燕东入代北，再走赵南，居秦韩之边。盖滨河之地，狄之故居，而山戎又来其间。中国之貊，入春秋不复见，入战国山戎居赵秦之边，而中国复见貊。先秦诸子数数称之，则山戎即貊也。《荀子·强国篇》言："秦南有沙羡，北与胡貊为邻。"胡，三胡也，谓东胡、林胡、楼烦。则貊亦即此山戎也。《匈奴列传》亦云："赵襄子逾句注而破并代，以临胡貊。"此无终、林胡、楼烦之犹居代北事也。通貊事之首尾而观之：《韩奕》之诗曰："王锡韩侯，其追其貊；奄受北国，因以其伯。"郑玄笺曰："韩侯贤，赐之蛮服追貊之戎狄，令抚柔王畿北面之国。其后追也貊也，为玁狁所逼，稍稍东迁。"韩侯之国，于春秋为韩原，即秦晋战处，居王畿之北方。宣王时追貊山戎在韩北也，《貊子卣》言："王格于吕，王命士衙归貊子鹿三。"方《释》云："貊子盖北狄君长，近王畿者。"此自雍州之貊，近于韩者。知郑说固不误。"王格于吕"，则申未迁时，吕亦在王畿北，邻于西申也。貊为玁狁所逼，稍稍东迁。玁狁即狄，是貊狄同时东走；貊导前而狄踵其后。庄之三十年，齐人伐山戎，以其病燕故也。庄之三十二年，而狄伐邢，正山戎前而狄从后，貊东而獯狁亦东也。明山戎即貊，此为貊之自西而东。狄灭而后貊复西还。山戎东徙，初在晋北，而后乃入燕。狄灭而后貊又还居晋北，且及秦赵之间，以地以时推之，其事明矣。《日知录》言："无终为今之玉田，无可疑者。然《樊哙传》：'击陈豨，破得綦毋卬、尹潘军于无终广昌。'则去玉田千有余里。岂无终之国，先在云中代郡之境，而后迁于右北平软？"广昌今为涞源；是其自雍州之北而涞源，而玉田，先后往还之迹甚明。貊之即山戎亦审矣。

狄合北戎郾瞒而为一，山戎自亦合于狄，而相随南下。狄入宋鲁之间，山戎亦从之。《新序·杂事》言："孔子北之山戎氏，有妇人哭于路者甚哀。孔子立舆而问之，对曰：'往年虎食我夫，今虎食我子。'孔子曰：'何为不去？'曰：'其政平，其吏不苛。'孔子曰：'弟子记之，夫政之不平而吏苛，乃甚于虎狼矣。'"《檀弓》同记此事，谓孔子过泰山侧。两文相校。知山戎之在泰山，惟从狄入宋鲁乃得至。山戎至泰山之侧，而《鲁颂》曰："至于海邦，淮夷蛮貊。"鲁之有貊，正以山戎故也。是则狄之强而山戎为之属，狄之衰而无终主其盟，此先后之故也。《韩非子·说林》言："管仲隰朋从桓公伐孤竹，春往冬返。"孤竹共山戎为祸，故桓公并伐之。余杭章枚叔氏论伯夷叔齐孤竹之子为异族，非中国之人。墨胎非中国之姓。《元和姓纂》言："墨氏孤竹君之后，本墨台氏。宋人墨翟著书号墨子。"则墨翟固孤竹之后。其言仁义与儒家同，正以东夷之俗仁，故徐偃以仁义而亡。孤竹之后，入居宋鲁之间，故墨翟为鲁人，亦为宋人，介居宋鲁之间，自昔长狄山戎之所在也。而孤竹之裔，随山戎以入鲁，则墨学为本之异族之化耶？《淮南子·人间训》言："哀公好儒而削，代君为墨而残。"代之有墨，犹鲁之有儒。草中之戎与孤竹，同为西周以来异族之居于河北者，其文化宜无殊。故在战国，代为墨学之根据地，犹鲁为儒学之根据地。盖自昔异族之处于中国东北者，恒文化高而武力弱；其来自西北者，恒文化低而武力强；此代戎孤竹之与赤狄大殊者耶？汉明帝诏曰："昔桓公伐戎而无仁惠，故《春秋》贬曰齐人。"何休《解诂》曰："戎亦天地之所生，乃迫杀之，恶不仁也。"山戎自齐桓之伐，亦以斩获过当，而不可复振欤？

骊戎狄徂东徙

林胡为系于妘姓之韩，是昔固邻于方城涿郡。赵武灵王曰："我先王败林人于荏，而功未遂。"《正义》云："即林胡也。"林人当即在昔之林氏。《周书·史记解》："昔者林氏召离戎之君而朝之，至而不礼，离戎逃而去之。"《竹书纪年》沈约注："离戎，骊山之戎也。"林人既系之韩,而晋伐骊戎,必与毗邻,谅在晋东北,故得接于林氏,而林氏召之。合三国言之,而其地各可求也。《晋语》言"晋启东道,启南阳",马融以东阳南阳说之,谓"自朝歌以北,至中山为东阳"。《晋语》言:"赂草中之戎,丽土之狄,以启东道。"则草中之戎,丽土之狄,并在晋之东阳。与《穆天子传》言草中之戎,于地亦合,即后之代戎也。此丽土之狄,当即骊戎旧壤,而狄来居之。《吕览·不广篇》作"草中之戎,骊土之翟",丽作骊,尤为明验。后人依骊山以说骊戎,谓在新丰者,殆不可据。于时晋之攻伐不可远至河西,达于渭域也。大戎小戎并在交城,与骊戎并邻晋之东北。盖草中之戎在朝歌之北,而骊戎又居草中之戎之北而中山之西也。山戎与韩自西而东,而山戎无终之东有令支,《齐世家》作离枝,即离戎,即骊戎也。山戎、韩东徙,盖骊戎亦东徙。《晋语》言骊子,《齐语》言令支,《左氏传》作骊戎男。《管子·轻重甲》作离枝,其实一也。《管子·小匡》言:"桓公破屠何,伐山戎,刜令支,斩孤竹。"《春秋》惟言伐山戎,而《国语》《管子》并言三国,则方无终病燕,而三国悉为之属。原均为貉族,故桓公并破之也。于后徙河在锦州西北,令支在迁安县西,孤竹在卢龙县西,而无终在玉田,故能率之以病燕也。

陈志、范书叙秦汉东夷之国:"曰夫余,南与高句骊，东与挹娄，西与鲜卑接。曰高句骊，南与朝鲜涉貊，东与沃沮，北与夫余接。曰东沃沮，在高句骊东，北与挹娄夫余，南与涉貊接。曰涉，北与高句骊沃沮，南与辰韩接。涉、沃沮、句骊，本皆朝鲜之地。挹娄，古肃慎之国。"而朝鲜则所谓箕子之封也。殷周间事，惟知有肃慎朝鲜，不闻有他国。涉及沃沮句骊，本皆朝鲜地，则前世无此三国，而朝鲜挹娄境相接可知也。于后朝鲜挹娄之间突有三国，攘朝鲜地而居之，是诸国皆后自外来也。则句骊即离枝骊戎之东徙，以分而有高句骊。涉曰涉貊，其为貊之东徙亦明。《晋语》言："献公克狄租，郤虎乘城。"则租亦国于骊戎大戎小戎与晋之交，群戎东徙，租亦东徙为沃沮，以分而有东沃沮、北沃沮。于是骊曰句骊，租曰沃沮，是犹吴曰句吴，越曰于越之事。《汉·地理志》辽西郡有肥如县。应劭曰："肥子奔燕，燕封于此也。"则晋灭肥鼓，而肥子东走辽西。离枝山戎狄租肥子东徙之道，先后一也。

《三国志》于涉言："其耆老旧自谓与句骊同种，言语法俗，大抵与句骊同。"于东沃沮言："其言语与句骊大同，北沃沮去南沃沮八百余里，其俗南北皆同。"于高句骊言："东夷旧语以为夫余别种，言语诸事多与夫余同。"此明夫余、句骊、沃沮、涉貊四部之自相同，盖其源则一也。于挹娄言："言语不与夫余句骊同。"又言："东夷饮食类皆用俎豆，唯挹娄不，法俗最无纪纲也。"挹娄既古之肃慎，独为前世旧国，自与新来四国相异。则夫余亦东徙之国也。《尔雅》貊国，郭注言："今扶余国，即涉貊故地。"《志》言："夫余其印文言'涉王之印'，国有故城名涉城，盖本涉貊之地，而夫余王其中。"是夫余地旧亦涉人居之，二涉亦犹沃沮之分南北。《魏略》言旧志又言："昔北方有槁离国（《后汉书》作索离，注云"索"或作"橐"）者，其王侍婢生子曰东明，王欲杀之，东明走南至施掩水（《后汉书》作掩㴲水），鱼鳖浮为桥得渡，追兵不得渡，东明因都王夫余之地。"是其初为涉地，后有北族来主之，于是更曰夫余，而仍以涉王号，则夫余亦涉也。冒顿既破灭东胡，居其故地，《匈奴传》言："诸左王将居东方，直上谷以东，接涉貊朝鲜。"此言涉貊，正夫余地。鲜卑为东胡后，鲜卑所接之夫余，即匈奴居东胡地而接之涉貊。冒顿左部，固不得与沃沮南之涉貊相接，所接者正后为夫余之涉貊亦足明。东明盖在冒顿之后，始南下王涉貊。而夫余则原为涉人，故言语与句骊沃沮同，夫余句骊涉貊同种，说自可信。即沃沮㴲亦同种。皆徙自中国之北，而渐居挹娄朝鲜之间者也。汉世盖以高丽即貊人，班书言："王莽发高丽兵伐胡，不欲行，皆亡出塞，因犯为寇。"严尤奏言："貊人犯法。"此以高丽为貊也。故范书亦云："王莽篡位，貊人寇边。"其云"貊人寇边愈甚"，

"貉人已去"，皆谓高丽。《东夷传》又云："句骊一名貉耳。"知两汉谓高丽为貉审矣。而夫余沃沮涉貊句丽四部为同种，则其皆为貉人无惑也。

涉貊辰国马韩东徙

涉盖即《韩奕》"其追其貊"之"追"，于西周与貊并盛，貊之东徙，追亦东徙为涉。《管子·小匡》："桓公曰：'余北至于孤竹、山戎、涉貉。'"追来燕之近地，于齐桓之世已为涉名。再东遂国于后之夫余，又东至于海，曰涉貊，则且以涉为貊之一部也。后贤或以追为赤狄隗姓之隗，或以为晋受封怀姓九宗之怀。声韵之道固可无所不通，然若以郑氏之说衡之，则事有未可。盖猃允既为后之北狄，追貊为猃狁所逼而东迁，猃允为狄而逼狄，则狄之隗姓，不可解为被逼之追明也。若曰怀姓九宗，事亦未可。晋受之怀姓，安得复为韩受之北国？则追之为涉，庶乎近之。西周之末，猃允东侵，而追貊乃东。若以先后迁徙之迹言之，涉之南接辰韩。则方城之韩先走，涉次之，粗又次之，骊又次之，山戎无终又次之，赤狄又次之，遂南下太行。则又一道也。

涉南接辰韩，陈志、范书言："韩有三种：一曰马韩，二曰辰韩，三曰弁辰。马韩有五十四国，辰韩有十二国，弁辰亦有十二国，凡七十八国，伯济是其一国焉。大者万余户，小者数千家，各在山海间，地方合四千余里，东西以海为限，皆古之辰国也。马韩最大，共立其种为辰王，都目支国，尽王三韩之地。其诸国王，先皆是马韩种人。"则三韩之国，为古辰国，故三韩之王仍号辰王。明韩未入海之先，有辰国无韩国。韩入海而后辰之名隐，韩之名兴。陈、范氏书谓："辰韩其耆老传世，自言古之亡人，避秦役来适韩国，马韩割其东界地与之；其言语不与马韩同。辰王常用马韩人作之，辰不得自立为王。弁辰与辰韩杂居，衣服居处与辰韩同，言语法俗相似。"是马韩先至辰国，而辰韩后来。弁辰与辰韩同，亦为后来可知也。初惟一马韩，即来自涿郡方城之韩。而曰马韩，则亦祖曰沃沮，骊曰句骊之比。《潜夫论》言："周宣王时有韩侯，其国近燕。为卫满所伐，迁居海中。"此韩之已在朝鲜东境也。《寰宇记》言："平州卢龙县有朝鲜废城，即箕子受封之地。"此朝鲜之亦后方入海也。江慎修言："韩始封在韩城，宣王始徙封于方城欤？"如江氏意，则韩之徙亦屡矣。韦昭云："韩于平王之时失国。"是韩之东，正戎狄猖披之际。至韩入辰国，而辰韩弁辰又入马韩之国，变亦多矣。

辰之名，古未他见，而国则最古。考《左氏》以"宋为大辰之虚，卫为颛顼之虚，郑为祝融之虚，陈为太昊之虚，鲁为少昊之虚，晋为夏虚"。大辰比于祝融二昊，则是亦有国者之号。宋鲁亦曰商鲁（《吴语》），商而曰辰，亦犹"参辰"之即"参商"乎？宋为微子之国曰辰，则海中古之辰国即箕子之国也。箕子旧封，周秦载记不闻有朝鲜之说，有之自苏秦伏生史迁始。意者汉人以于时习闻之朝鲜说之，倘朝鲜伯济，并是辰之一国，而箕氏之支庶。燕人卫满击破朝鲜而自立为王，卫氏所破之前朝鲜，在前世盖已离辰国而独大，斯则东夷之事，自殷末以逮于汉初，盛衰起伏，为变已多。周之衰，九夷八蛮不接于中国，故史文阙而莫详。是辰国原为箕子所建之商国。昭九年《左氏传》曰："肃慎燕亳，吾北土也。"亳为殷都，箕子所居，周人亦惟名之曰亳，即辰国也。

自汉儒惟知当时之朝鲜，而辰之事不可见，且以韩入海，而辰之名几废也。盖方韩之入海而林氏之属已随之；及三胡西还，林胡之名始复见于中国。东胡以匈奴之故，余众为乌丸，为鲜卑，鲜卑之部有徒河，晋世慕容之属是也，说者谓殆即齐桓所破之屠何也。挹娄而尝属于夫余，涉貊沃沮亦尝属于高句骊，涉貊沃沮句骊，则皆处朝鲜之地。朝鲜王准既为卫氏所破，则将其余众数千走入海，攻马韩而王之。夷狄种落实繁，兴废不定，历世久则变易剧。于辰国之事而知箕氏之胤，一若至准而后罹大故者，斯未必然也。

林胡楼烦西还

貉东而山戎东，山戎南至鲁而鲁有貉，山戎西至秦赵之边而秦赵复有貉，是山戎之为貉无疑也。顾亭林以涿郡方城之韩，即迁居海中之韩。王肃云："涿郡方城有韩侯城，世谓寒号。"此亦寒浞之为韩浞。此族古亦随有穷之后而窃夏者，其迁居海中，殆正以貉狄东来之会。《路史》以三胡为妘姓之韩，即入居海中之韩。无终还代北，及赵之南，于是林胡楼烦亦来居秦赵之北；而东胡又踵林胡之后。是貉东徙而胡入海，貉西走而三胡亦随与俱西也。《战国策》《史记》并言赵武灵王胡服事，《赵世家》《六国表》同在武灵王之十九年。而《水经·河水注》引《纪年》："魏襄王十七年，邯郸又命将军大夫适子戍吏皆貉服（今本误作"貂服"）。"审貉服之即胡服，知胡人之即貉人。以貉之族有林胡东胡，而胡之名遂代貉而起。顾亭林云："晋北有林胡楼烦，燕北有东胡山戎，以二国之人，而概北方之种。一时之号，而蒙千载之呼。盖北狄之名胡自此始。"入后更以该西北一切之族也。自赤狄白狄皆亡而三胡兴。《匈奴列传》言："晋北有林胡楼烦之戎，燕北有东胡山戎。"此胡地之约略可知者。《赵世家》言："武灵王自请于公子成，曰：'吾国自常山以至代上党，东有燕东胡之境，而西有楼烦秦韩之边。'"又武灵王召楼缓谋曰："西有林胡楼烦秦韩之边。"则东胡在燕北，而西接越境。林胡楼烦在赵北，且及赵西。武灵王二十年西略胡地至榆中，林胡王献马。惠文王二年主父西遇楼烦王于西河而致其兵。则林胡楼烦之果及于赵西也。惠文王二十六年取东胡欧代地，东胡地苟不接于赵，惠文将焉取之？

《匈奴列传》言："赵武灵王北破林胡楼烦，自代并阴山至高阙为塞，而置云中雁门代郡。其后燕将秦开袭破东胡，却地千余里，燕亦筑长城自造阳至襄平，置上谷渔阳右北平辽西辽东郡。"赵灭之代，于后为蔚县。燕长城西起造阳，于后为怀来。则蔚县怀来之间，即赵与东胡接壤处；而上谷渔阳右北平辽东西并旧东胡地。赵欧代地，谅在代北。自代郡以西，雁门云中九原皆林胡楼烦地也。《李牧传》："牧破杀匈奴十余万骑，灭襜褴，破东胡，降林胡。"至是而林胡亡。事在赵孝成王时也。《史记索隐》云："楼烦县属雁门，应劭云：故楼烦胡。"《史记正义》言："林胡，朔州，春秋时北地也。岚州，楼烦胡地也。"于后为朔县岚县。此林胡楼烦地之可指者。说者谓楼烦县为楼烦之都。《战国策》云："胡人袭燕楼烦数县，取其牛马。"此燕有楼烦，明楼烦自东而西，由燕而徙赵，而徙河南也。《国策》苏秦北说燕曰："燕东有朝鲜辽东，北有林胡楼烦，西有云中九原。"此见林胡楼烦，于赵肃侯世，尚在燕北。后在赵北。武灵王之世，又渐至赵西也。《匈奴传》言："冒顿大破灭东胡王，南并楼烦白羊河南王。"至是东胡破而为乌丸，为鲜卑，而楼烦遂并于匈奴。服虔、韦昭并谓"山戎今之鲜卑"。知东胡出于韩，亦山戎之类。至匈奴入居河南地，至朝那肤施，盖楼烦白羊，亦入居河南。故卫青出云中以西至陇西，击胡之楼烦白羊于河南，汉遂取河南地，筑朔方。自是以后，匈奴渐衰而楼烦不复见，匈奴后得有胡名。楼烦之亡，乃在卫青出塞后。此胡貉事之始终也。

武灵王破林胡楼烦，而置云中雁门代郡。此事史公仅著之于《匈奴列传》，而于《世家》《年表》，皆不言为何年。以《世家》考之，武灵王欲胡服，召楼缓谋曰："中山在我腹心，北有燕，东有胡，西有林胡楼烦秦韩之边。吾欲继襄主之迹，开胡翟之乡。"又曰："虽驱世以笑我，胡地中山，吾必有之。"于是遂胡服矣。胡服事在武灵王之十九年，以图胡地故耳。则开胡翟之事，固在其后。《世家》言："二十年，王略中山地，至宁葭。西略胡地至榆中，林胡王献马。二十六年，复伐中山，攘地北至燕代，西至云中九原。二十七年立王子何以为王，是为惠文。武灵王自号为主父。二年，主父行新地遂出代，西遇楼烦王于西河而致其兵。"以此考之，二十年西略胡地至榆中，则置雁门代郡时也。代地为襄子灭代时已有之，必武灵王时乃置郡，故《匈奴列传》云然。二十六年则置云中九原时也。武灵王遇楼烦王于西河而致其兵，谅楼烦在西。故入汉仍居河南，傥九原故楼烦地也。林胡在楼烦之东，而东胡之西，故李牧居代雁门而降林胡，傥雁门故林胡地也。若代郡云中，则固代国地也。林胡经代地云中至雁门，楼烦经云中西至九原也。赵既置郡，而林胡楼烦尚生息于其间，历久而后亡也。

第七　秦西诸族之移徙

秦西戎族之活动

　　《商君列传》赵良言："五羖大夫相秦六七年，发教封内而巴人致贡，施德诸侯而八戎来服。"《匈奴列传》言："秦穆公得由余，西戎八国服于秦，故自陇以西有绵诸、绲戎、翟、豲之戎；岐梁山泾漆之北，有义渠、大荔、乌氏、朐衍之戎。"此正八国也。《韩安国传》王恢曰："秦缪公都雍，地方三百里，知时宜之变，攻取西戎，辟地千里，并国四十，陇西北地是也。"岂武公而后，秦地复又蹙，惟三百里耶？武公居平阳，县邦冀，邦在秦州西南，为非子始封之近地，冀在伏羌县南，又密迩于犬丘。则秦拓地于东，其故土为邦冀之戎侵而有之，秦之失地久也。武公县邦冀，而后复其西封，曾几何时，绵诸豲戎，又来居之。绵诸在今秦州东五十里邦山下，是犹邦戎之居也。豲为今陇西县东北渭水北，是犹冀戎之居也。则渭水一道，自秦人东去，邦冀之戎居之，绵诸貔戎又居之。《班志》"京兆下邽县"，师古曰："秦人又取戎之人而来为此县。"下邽于今在渭南。岂以邽戎既失秦州地，而又迁于渭南耶？《秦本纪》：厉公六年，绵诸乞援。二十年，公将师与绵诸战。惠公五年，伐绵诸。孝公元年，西斩戎之貔王。于是而秦之西封又复。曰绵诸乞援者，岂以貔之逼其地耶？秦斩貔王兵临渭首，秦陇西之得而复失者屡也，则穆公都雍而地方三百里，疆土之蹙，事可互证。非秦之支柱其间，是诸戎者胥相率而东也。

穆公攻取西戎，辟地千里，遂有陇西北地，则焦获已往秦已奄而有之，而陆浑之戎犹复东下。范书言："陆浑戎自瓜州迁于伊川，允姓戎迁于渭汭，东及辕辕。"即穆公之世，秦西之戎，东徙未绝。允姓戎迁渭汭，《班志》亦言之。武公伐彭戏氏，至于华山下，至穆公而允姓戎复来居渭汭，是秦之东境，又忽焉戎来渐居。自瓜州历渭汭，及辕辕，其经途固可识也。是秦之西圉不固而东地为墟。《左氏》僖十五年传："于是秦始征晋河东，置官司焉。"十七年传："晋太子圉为质于秦，秦归河东而妻之。"则韩之战秦俘惠公，已取晋河东地，及秦归怀公，并归晋河东。于是秦晋以河为境，此孝公所谓穆公东平晋乱，以河为境者也；则不容有徙逐之族蜷伏其间。《秦本纪》言："戎王使由余于秦，缪公与由余曲席而坐，传器而食，问其地形，与其兵势，尽詧而后令内史廖以女乐二八遗戎王。戎王说之，由余数谏不听，遂去降秦。缪公礼之，问伐戎之形。三十七年，秦用由余谋伐戎王，益国十二，开地千里。"《吕览·壅塞》言："秦缪公时戎强大，缪公遗之女乐二八与良宰焉。戎主大喜，数饮食，日夜不休。左右有言秦寇之至者，因扜弓而射之。秦寇果至，戎主醉而卧于樽下，卒生缚而擒之。"李斯言"西得由余于戎"，则此戎王者秦西之戎也；开地千里者，正王恢所论陇西北地是也。《淮南·精神训》言秦穆由余事曰："胡王淫女乐之娱而亡上地。"是戎王之固居上郡，而陇西北地之戎皆属之。然岐梁泾漆之北，于后有义渠大荔乌氏朐衍之戎，应劭曰："义渠，北地也。"徐广曰："朐衍在北地，乌氏在安定。"则秦之北地，于后复为戎地。义渠于后在宁州西北，乌氏在平凉西北，朐衍在灵州东南花马池北。乌氏盖即《穆天子传》赤乌氏之裔，亦进而处安定之近地，至秦惠王然后取。大荔既来居泾漆之北，《秦本纪》："厉公之十六年，伐大荔取其王城。"徐广曰："今之临晋邑也，有王城。"《括地志》云："今朝邑县东故王城是。"今为大荔县。范书《西羌传》言："周贞王八年，秦厉公灭大荔，取其地。"于《史记》作定王，皇甫谧云贞定王，大荔于此灭也。此当亦本之《竹书纪年》。临晋为穆公筑垒以临晋地者也，于春秋为秦晋战伐频繁之冲，而大荔又自泾漆之北来居之。《六国年表》："秦孝公二十四年，秦大荔围合阳。"知大荔之灭，其后犹有存者，从秦以攻伐也。夫诸戎之东徙犹未已，知秦之再失河西北地陇西地者又久耶？《年表》献公六年"初县蒲、蓝田、善明氏"，是亦西戎之晚至者也。《华阳国志》三言："周慎王五年，秦大夫张仪从石牛道伐蜀，蜀王败绩，为秦军所害，开明氏遂亡。凡王蜀十二世。"善明氏、开明氏，皆夷狄之君，而秦灭之。善明氏倘国于蓝田者也。

《史记·秦本纪》言："秦以往者数易君，故晋复强，夺秦河西地。孝公元年，河山以东强国六，楚魏与秦接界，魏筑长城，自郑滨洛，以北有上郡。楚自汉中，南有巴黔中。"考魏筑长城塞固阳，在魏惠王之十九年，即孝公之十年，时商君已为大良造，伐安邑，而魏犹筑长城以界秦，于时长城以东，犹魏境也。《史记正义》言："楚北及魏西与秦相接，北自梁州汉中郡，南有巴渝。魏西界与秦相接，南自华州郑县西北，西北过渭水，滨洛水东岸，北达银州至胜州固阳县，固阳有连山，东至黄河，皆筑长城以界秦，北有上郡鄜州之地，洛即漆沮水也。"（此会《秦本纪》《魏世家》两正义文用之）于时秦尚逼处魏长城西。孝公十二年，东地渡洛，魏襄王之五年，与秦河西之地（惠文王之八年），七年，又尽入上郡地于秦（惠文王之十年），然后秦复东境至河，其始末甚明。王静安氏以为"河西之失，非尽事实，孝公欲激发国人，故张大其辞"，其论疏矣。大荔沿洛而南，三晋亦越河而西，而秦地缺矣。晋人以陆浑之戎塞秦崤函之道，以九州之戎塞武关之道，大荔处王城，倘亦晋以之塞秦临晋之道。由《齐策》即墨大夫说齐王之言观之，知秦之东出，唯此三道耳，大荔陆浑之徙，事盖同符。王氏以秦人经营东北，即为已有其地，夫商君伐安邑降之，围固阳降之，然后魏筑长城，然后魏纳河西、纳上郡，而安邑犹未入秦，及昭襄王二十一年魏始献安邑，王氏之论，未可信据。考索及此，附笔辨之。

义渠与匈奴

秦西之戎，义渠最大。《六国表》言："厉共公六年，义渠来赂。"《括地志》言："宁原庆三州，秦北地郡，战国及春秋时为义渠戎国之地，周先公刘不窋居之。"然义渠之徙泾二十五城，在西河郡，则其拓境之广也。《本纪》言："厉共公三十三年伐义渠，虏其王，躁公十三年，义渠来伐，至渭南。"则义渠亦深入秦地，见其地丑力齐，而战祸之烈也。《后汉书·西羌传》言："后百余年，义渠败秦师于洛。后四年，义渠国乱，秦惠王遣庶长操将兵定之，义渠遂臣于秦。

后八年，秦伐义渠取郁郅。后二年，义渠败秦师于李伯。"于《六国年表》："秦惠文王七年，义渠内乱，庶长操将兵定之。十一年，义渠君为臣。"则义渠败秦于洛，为秦惠文王之三年。《本纪》言："惠文君十一年县义渠，义渠君为臣。"义渠侵秦至渭，败秦于洛，势相抗也，又四年而内乱，又四年而秦县之，义渠之衰，自内乱始也。《西羌传》言："后八年，秦伐义渠取郁郅。"于《表》为惠文王之初更五年。"后二年，败秦于李伯"，为初更七年。郁郅属北地，于后为安化县，惠文既取乌氏在平凉，遂取郁郅，兵形近之。《本纪》："初更五年，王游至北河。"《六国年表》云："王北游戎地至河上。"考之《五行志》，秦惠（原误作"孝"）文王五年，游朐衍，朐衍在灵武，则惠文既取郁郅，遂至朐衍，此秦人北渐之途也。《秦策二》言："义渠君之魏，公孙衍谓义渠君曰：'中国无事于秦，则秦且烧焫获君之国；中国为有事于秦，则秦且轻使重币而事君之国也。'义渠君曰：'谨闻令！'居无何，五国伐秦，秦王因以文绣千匹，好女百人，遗义渠君。义渠君曰：'此乃公孙衍之所谓也。'因起兵袭秦，大败秦师于李帛之下。"于《六国表》，五国共击秦，正在初更之七年，与《西羌传》合。

《本纪》言，"七年，韩赵魏燕齐帅匈奴共攻秦"，于战国记匈奴此为最先。《本纪》言匈奴，即

《秦策》言义渠事，参互稽之，匈奴即义渠也。考诸《海内经》言："匈奴，开题之国，列人之国，并在西北。"与属于义渠之事最合。乃吴承志《地理今释》谓："此'匈奴'当从一本作'猃狁'，此乃《左氏春秋传》所谓'允姓之戎，居于瓜州'者，非《史记·匈奴传》居于北蛮之匈奴也。"则以习见秦汉时匈奴居于北荒之故，致有此误说也。盖义渠既灭，余众北走，于后为匈奴，居河套南北。《本纪》言："初更十年，伐取义渠二十五城。"（《年表》在十一年）于时义渠尚能乘五国之师以败秦，故秦大伐击之。《西羌传》言："伐义渠取徒泾二十五城。"李贤注："徒泾，县名，属西河郡。"《班志》西河郡作徒经，榆林南北，黄河东西，并义渠地也。二十五城，治地已遥，故李兆洛以为在山西境。则义渠地连北地河西，奄有套内，南下及泾，固秦赵一大敌也。赵北有林胡楼烦，而《李牧传》居代、雁门备匈奴，匈奴自西来也。蒙恬伐匈奴取河南地，即昔之义渠地也，义渠之灭未久，而李牧杀匈奴十余万骑，见义渠之烬犹盛。其来必自楼烦西，知匈奴始在河套内外。《燕策》言："愿太子急遣樊将军入匈奴以灭口。"则匈奴入阴山未久，而东接于燕。盖自李牧降林胡，秦开破东胡，万里为墟。北荒之国，惟匈奴独盛耳。《匈奴传》言："冒顿之强，西并月氏，南并楼烦白羊河南王，复收秦所夺匈奴地，与汉关故河南塞至朝那、肤施。"《正义》曰："朝那故城在原州百泉县，属安定郡，肤施今延州肤施县是。"《说文》："那西夷国，安定有朝那县。"在今平凉县西北。冒顿之前，不闻匈奴秦界在朝那肤施，云故河南塞朝那肤施，惟义渠故塞乃可至是，则北地西河上郡安定，正秦赵魏与义渠错壤处，故义渠君得至魏也。《史记·匈奴列传》言："义渠之戎筑城郭以自守，而秦稍蚕食。秦昭王时，义渠戎王与宣太后乱，有二子，宣太后诈而杀义渠戎王于甘泉宫，遂起兵伐残义渠，于时秦有陇西北地上郡。"《范汉书》亦言："义渠大荔最强，筑城数十，皆自称王。"义渠诸羌为城郭田畜之民，虽朴陋，犹愈于他族也。《匈奴传》言宣太后事，《本纪》与《表》不载。《本纪》言昭王四十二年宣太后薨，则秦灭义渠事尚在此前。《西羌传》言："昭王立，义渠王朝秦，遂与昭王母宣太后通，生二子。至赧王四十三年，诱杀义渠王于甘泉宫，因起兵灭之，始置陇西北地上郡焉。"赧王四十三年，为秦昭王之三十五年，而义渠灭。《西羌传》多据《汲冢纪年》，李注颇详之。其言义渠事，颇出《史记》外，而事每可征，岁月能合。亦或不合，如言义渠败秦李伯，明年秦取二十五城，而《史记》取二十五城事，在五国击秦后四年。《汲冢纪年》终于魏哀王二十年，于《六国表》则周赧王之十六年而秦昭王之八年，是《纪年》不及义渠之灭，而范氏凿凿言之何耶？然《六国表》既多不审，而范书或取他书，事亦有之。《表》于初更五年王北游戎地至北河，覆之范书，正秦取义渠郁郅之岁，而《五行志》孝文至胸衍时也。《本纪》言昭王二十年王之上郡北河，此义渠灭始置地也，以前例后，则《列传》言杀义渠王甘泉宫遂伐残义渠，应在二十年以前，则赧王四十三年，为衍"四"字，正昭王之五年，而义渠灭。惟义渠宣后之事则然，故吕后之世，而匈奴有谩书，戎狄不以为谩，秦之故实可比案也。秦真虎狼之国也！义渠灭而匈奴兴，义渠地擅西河，水草丰美，百世为膻腺之乐土。侯应言："阴山东西千里，水草茂盛，多禽兽，冒顿单于依阻其中，治作弓矢，是其苑囿也。"义渠既失河南，余众为匈奴，北阻阴山，事或然也。

拾　遗

东夷之盛衰与移徙

东夷自殷末"分迁淮岱，渐居中土"。于是淮夷与西周数相争战，至春秋战国之世，犹生息于斯土。《后汉书·东夷列传》言之未详也。《书·禹贡》于徐州云："淮夷蚌珠暨鱼。"《经典释文》引马融云："淮夷，二水名。"伪《孔传》亦云："淮夷，二水。"孔颖达《正义》引王肃，亦以淮夷为水名。惟郑康成以"淮水之夷民也"（《释文》引），是为得之。盖虞夏之间淮上本有夷民。然斯时尚无九夷之名，至殷周间始变淮夷而为九夷。《书·大诰·序》曰："武王崩，三监及淮夷叛。"《成王征·序》曰："成王东伐淮夷，遂践奄。"《周官·序》曰："成王既黜殷命，灭淮夷。"此即《韩非子·说林上》所云周公旦"攻九夷而商盖服"者。于是淮夷遂有九夷之称而商奄（即盖）之民属焉。《吕览·察微》云："犹尚有管叔、蔡叔之事，与东夷八国之谋。"高诱注云：管、蔡"流言作乱，东夷八国附从，二叔不听王命。周公居摄三年，伐奄，八国中最大，著在（原讹为"作"）《尚书》，余七国小，故不载于经也"。唯奄在东夷中为最大，故周初数伐之。《孟子》曰："周公相武王，诛纣，伐奄，三年讨其君。"此武王之诛奄也。《尚书大传》云："周公摄政，一年救乱，二年克殷，三年践奄。"此周公之诛奄也。《周本纪》云："周公行政七年，反政成王，东伐淮夷，残奄，迁其君薄姑。"此成王之诛奄也。赵岐《孟子注》曰："奄，大国，故特伐之。"盖奄实东夷之雄者，三世伐之而后亡。《周本纪·集解》引郑玄曰："奄国在淮夷之北。"《正义》引《括地志》曰："兖州曲阜县奄里，即奄国之地也。"许慎《说文·邑部》："郁，周公所诛郁国在鲁。"审奄之立国，或鲁，或淮，先后异也。江声、孙诒让以蒲姑氏即奄君蒲姑之地，盖以蒲姑居之而得名（《尚书今古文注疏·书序》）。蒲姑在营丘之北，是齐亦得奄地。东夷之族，胜则北上，败则南下，迁移之情，固可见也。《汉书·地理志》言：临淮郡徐县，"故国，盈姓"。明徐在淮也。《鲁世家》言：顷公十九年，"楚伐我，取徐州"。《集解》引徐广曰："徐州，在鲁东，今薛县。"是徐亦尝在鲁。鲁之东郊可开奄，故迁徙于南北，而徐亦迁徙时南时北也。《鲁世家》又言："管、蔡等反也，淮夷、徐戎亦并兴反，于是伯禽率师伐之于

朌……遂平徐戎。"又言：周公"奉成王命兴师东
伐……遂诛管叔，杀武庚，放蔡叔，收殷余民以封康叔
于卫，封微子于宋以奉殷祀，宁淮夷"。是伯禽所平为
淮北之徐戎，而周公乃宁淮南之淮夷。《书序》云：
"成王既黜殷命，灭淮夷，还归在丰，作《周官》。"
则周公唯"宁"淮夷，至成王乃"灭"淮夷。伯禽平徐
戎，周公宁淮夷，成王灭淮夷，而后徐、淮乃辑。伪
《书·蔡仲之命》孔传云："成王即政，淮夷、奄国又
叛，王亲征之，遂灭奄而徙之。"《书序》："成王东
伐，灭淮夷，遂残奄，作《成王征》。"是淮、奄再
叛，成王伐淮而残奄。则奄之亡其国，正退处淮旁，奄
残而淮亦灭。《越绝书·记吴地传》言："毗陵县南
城，故古淹君地也。东南大冢，淹君子女冢也。去县
十八里，吴所葬也。"岂奄君又再南遁至江南耶！周公
服商盖而宁淮夷，成王残奄而灭淮夷，周之声教乃得东
振。方奄君之处蒲姑，莱夷之争营丘，徐戎、淮夷之战
于费，此东夷之方盛也。《吕览·古乐》云："商人服
象，为虐于东夷，周公遂以师逐之，至于江南。"荆、
舒是惩，熊、盈之族灭者十有七国（《逸周书·作
雒》）。此东夷之一衰而周势之炽也。

　　周初虽数征淮夷、徐戎，然淮、徐实未绝灭。穆王
之时，徐又再盛。《竹书纪年》云：穆王"六年春，
徐子诞来朝，锡命为伯"。十三年，"徐戎侵洛"。

十四年，"王帅楚子伐徐戎，克之"。此今本《纪年》所载，虽不能悉取证于他书，然要亦非无据。《后汉书·东夷列传》言："后徐戎僭号，乃率九夷以伐宗周，西至河上。穆王畏其方炽，乃分东方诸侯命徐偃王主之。偃王处潢池东，地方五百里，行仁义，陆地而朝者三十有六国。穆王……告楚令伐徐。……于是楚文王大举兵而灭之。"与《纪年》所载略同。《淮南子·人间》则云：楚庄王"举兵而伐徐，遂灭之"。详究其实，非楚庄王，亦非楚文王。据《汉书·古今人表》，与周穆王、徐偃王同时之楚君为熊盘，即《楚世家》之熊胜。据《楚世家》，熊胜实无伐徐之事。且其时楚、徐遥隔，楚亦不能伐徐也。案《秦本纪》及《赵世家》，并谓"穆王日驰千里马攻徐偃王，破之"。且皆无与于楚。与楚文王同时者当为另一徐偃王，《韩非子·五蠹》《说苑·指武》并著其事（《淮南子·人间》误作楚庄王）。《东夷列传》盖误合两徐偃王为一，遂以楚文王与周穆王同时，不意蔚宗之缪一至于此。然是役也，徐亦未尝灭国，至春秋之鲁昭公三十年始灭于吴。当其始盛也，《礼记·檀弓》载徐容居曰："昔我先君驹王西讨，济于河。"《博物志》亦载：偃王"沟通陈、蔡之间"，而"江淮诸侯皆伏从"。是"率九夷以伐宗周西至于河"，事当不诬。此东夷之再盛也。及穆王伐徐而东夷再衰。

《大雅·江汉·序》曰："美周宣王也。能兴衰拨乱，命召公平淮夷。"其诗曰："江汉浮浮，武夫滔滔，匪安匪游，淮夷来求。……匪安匪舒，淮夷来铺。"又《大雅·常武》诗曰："率彼淮浦，省此徐土。"又曰："王舒作保，匪绍匪游，徐方绎骚，震惊徐方，如雷如霆，徐方震惊。"又曰："铺敦淮渍，仍执丑虏，载彼淮浦，王师之所。"《后汉书》曰："厉王无道，淮夷入寇，王命虢仲征之，不克。宣王复命召公伐而平之。"今本《纪年》亦载：厉王"三年，淮夷侵洛，王命虢公长父伐之，不克"。宣王"六年，召公帅师伐淮夷；王帅师伐徐戎，皇父、休父从王伐徐戎，次于淮。王归自伐徐，锡召公命"。此虽不必为汲冢旧文，诸事并能于《诗经》、鼎彝证之。且《江汉》《常武》所述虽为征徐、淮，而言其地则曰"江汉之浒"，"如江如汉"。则是徐、淮所居在南而不在北，迤及江汉之间也。故鼎彝屡有"南淮夷"之文（虢仲盨、敔簋）。《小雅·渐渐之石·序》言"荆舒不至"，是幽王东征，叛者为荆舒而非淮夷。此东夷之三盛又三衰也。维楚在荆，故曰"荆楚"，舒亦在荆，故曰"荆舒"。自楚熊渠伐庸、扬粤，至于鄂；而宣王征淮夷，用兵江汉，而舒乃退在扬也。

迨周室既东，淮夷犹炽。《春秋》僖十三年载："公会齐侯、宋公、陈侯、卫侯、郑伯、许男、曹伯于咸。"《左传》曰："会于咸，淮夷病杞故。"十四年，"春，诸侯城缘陵"。《左传》曰："诸侯城缘陵而迁杞焉。"《公羊传》曰："诸侯城缘陵。孰城之？城杞也。曷为城杞？灭也。孰灭之？盖徐、莒胁之。"是事起于淮而祸被于杞，此东夷之复盛也。《春秋》僖十六年载："冬十二月，公会齐侯、宋公、陈侯、卫侯、郑伯、许男、邢侯、曹侯于淮。"《左传》曰："会于淮，谋鄫，且东略也。"杜注："鄫为淮夷所病故。"是时，徐与淮夷合兵而淮夷病杞，又病鄫，故鲁兴师伐之。《鲁颂·闷宫》颂僖公曰："奄有龟蒙，遂荒大东，至于海邦，淮夷来同。"又曰："保有凫绎，遂荒徐宅，至于海邦，淮夷蛮貊。"《鲁颂·泮水》之诗曰："既作泮宫，淮夷攸服。"又曰："既克淮夷，孔淑不逆，式固尔犹，淮夷卒获。"又曰："憬彼淮夷，来献其琛，元龟象齿，大赂南金。"自是厥后，淮夷厚鲁。故范献子曰："季氏甚得其民，淮夷与之。"（《左传》昭公二十七年）《春秋》僖十五年载："春，楚人伐徐。三月，公会齐侯、宋公、陈侯、卫侯、郑伯、许男、曹伯盟于牡丘。遂次于匡。公孙敖帅师及诸侯之大夫救徐。""秋七月，齐师、曹师伐厉。""冬……楚人败徐于娄林。"《左传》曰："楚人伐徐，徐即诸夏故也。""盟于牡丘，寻葵丘之盟，且救徐也。""伐厉，以救徐也。""楚败徐于娄林，徐恃救也。"是春秋前期，东夷或附诸夏；及至楚与吴、越迭兴，则又有转而服从楚及吴、越者。《春秋》昭四年载："夏，楚子、蔡侯、陈侯、郑伯、许男、徐子、滕子、顿子、胡子、沈子、小邾子、宋世子佐、淮夷会于申。""秋七月，楚子、蔡侯、陈侯、许男、顿子、胡子、沈子、淮夷伐吴。"是淮夷之从楚也。《左传》哀十九年载："秋，楚沈诸梁伐东夷，三夷男女及楚师盟于敖。"杜注："从越之夷三种。"是九夷中又有从吴、越者。故《墨子·非攻中》曰：至夫差之身，东而攻越，"九夷之国，莫不宾从"。《说苑·君道》载："越王勾践与吴人战，大败之，兼有九夷。"《淮南子·齐俗》云：越王勾践"南面而霸天下，泗上十二诸侯皆率九夷以朝。"皆其事也。《秦策三》云："楚苞九夷，又方千里。"《魏策一》云："楚破南阳九夷，内许、沛，鄢陵危。"《李斯列传》云：秦惠王"西并巴蜀，北收上郡，南取汉中，包九夷，制鄢郢"，盖秦又伐楚而取其地。至秦一统，而"淮泗民皆散为民户"矣（《东夷列传》）。此淮夷本末之略可考见者也。岂若《禹贡》青州之莱夷，自鲁襄公六年为齐所灭遂不见于经传者哉！

观乎东夷之"叛"与"征"，其在鲁，在徐，在淮，在荆，而东夷之进退、盛衰之情可察也。其盛也则举族北上，故汪芒之君、封嵎之守入居曹卫之郊，而九夷包乎郯郳。其衰也则举国以南徙，徐、奄则自鲁而淮，舒则弃荆入扬。其在春秋之世，东夷之族殆为最繁。郑玄《诗谱》云："南国诸侯，政之兴衰，何以无变风？""徐及吴、楚，僭号称王，不承天子之风，今弃其诗，夷狄之也。其余江、黄、六、蓼之属，既驱陷于彼俗，又亦小国，犹邾、滕、纪、莒之等，夷其诗蔑而不得列于此。"是郑以江、黄、六、蓼皋陶之胤并为夷也。杞用夷礼（《左传》僖二十七年），滕由狄道（《榖梁传》隐七年），莒辟陋在夷（《左传》成八年），而郳又夷也（《左传》昭二十三年），是此"邾、滕、纪、莒之等"亦为夷也。盖驱陷而变于夷者之多。《江汉》毛传曰："淮夷，东国，在淮浦而夷行也。"江、黄、滕、杞诸国，殆亦犹是。任、宿、须句、颛臾、根牟、介、郯之属，皆介乎夷夏之间，而以舒、徐、淮夷、吴、越为最。然淮泗之事，实枢纽于宋，宋在春秋前盖颇得东夷地，后乃蔚为大国也。然此淮泗汉东之夷，固多嬴、偃之族，盖与少昊同其族类，太古同为海岱之族，特两皞、皋陶之胤进化或先，而此东夷则仍保其椎朴耳。所谓"子孙或在中国，或在夷狄"者也。故此诸国究与"饮食衣服不与华同，贽币不通，言语不达"者异类。且又或与诸夏亲昵，或服事诸夏，或"即诸夏"，故楚伐徐而诸夏救之。《榖梁传》谓：吴"欲因鲁之礼，因晋之权，而请冠端而袭其藉于成周以尊天王"（哀十三年）。此诸国者虽或荐食上国而蒙封豕长蛇之诮，然与齐鲁诸国通使盟会究无异于诸夏之邦也。是春秋之世，东方夷夏之防已始泯矣。

瓜州与三危

《左传》襄十四年载范宣子曰："姜戎氏，秦人迫逐乃祖吾离于瓜州。"昭九年载詹桓伯曰："先王居梼杌于四裔，以御螭魅，故允姓之奸，居于瓜州。"杜预注曰："言四裔则三苗在其中。允姓，阴戎之祖，与三苗俱放三危者。瓜州，今敦煌。"此"居梼杌于四裔"，即"窜三苗于三危"事。杜预说瓜州当于三危求之则是，而以瓜州在敦煌则非也。《汉书·地理志》于敦煌县言："杜林以为古瓜州，地生美瓜。"云"杜林以为"，知古无此说。元凯即据杜林，非古义也。春秋之时，秦之迫逐姜戎，当不得远达敦煌也。且其地与三危夐隔。《夏本纪·索隐》载郑玄引《河图》及《地说》云："三危山在鸟鼠西南，与岐山相连。"《御览·地部》引《河图括地象》曰："三危山，在鸟鼠之西南，与汶山相接。"即郑玄所本。"汶""岷"古同纽字通，《禹贡》"岷嶓既艺""岷山之阳""岷山导江"，《夏本纪》皆作"汶"。"汶"又或写为"岐"，与"岐"形近，《索隐》"岐山"，字之误也。故《禹贡》疏载郑玄引《地记书》（或即《地说》）云："三危之山在鸟鼠之西南当岷山。"《汉书·司马相如传》师古注引张揖曰："三危山在鸟鼠山之西，与岷山相近。"《续汉·郡国志》陇西郡首阳县刘昭《注补》引王隐《地道记》曰："有三危，三苗所处。"说与《续汉书》合。《后汉书·西羌传》曰："西羌之本，出自三苗。……及舜流四凶，徙之三危，河关之西南羌地是也。"李贤注："以上并《续汉书》文。"是三危在陇西之说，汉晋皆同。《太平寰宇记·瓜州》引阚骃《十三州志》云："瓜州之戎为月氏所逐，秦并六国，筑长城，西不过临洮，则秦未有此地。"知阚骃说瓜州在临洮西，与张揖、王隐说三危在陇西最合。是汉晋说三危、瓜州皆在今青海之河南。知杜预以三危求瓜州为有据。《魏书·世祖纪》载：太平真君六年讨吐谷浑，"高凉王那军到曼头城，慕利延驱其部落西渡流沙，那急追，故西秦王慕𤦲世子被囊逆军拒战，被囊轻骑遁走，中山公杜丰精骑追之，度三危，至雪山，生擒被囊"。是三危所在，北朝史家犹有所记。《隋书·地理志》，曼头城在河源郡。《读史方舆纪要·西宁镇》谓曼头城在西宁西北。"流沙"即晋宋之沙州，《宋书·吐谷浑传》载："其国西有黄沙，南北百二十里，东西七十里，不生草木，沙州因此为号。"故吐谷浑世领沙州刺史。是三危当在陇西沙州，不涉敦煌。《水经·禹贡山水泽地所在》言："三危在敦煌。"盖亦承杜林之说而误。郦道元注谓："在鸟鼠山西，即《尚书》所谓'窜三苗于三危'也。"是犹存古说，其意不同桑经。至唐置瓜州、沙州于河西，后遂无知三危、瓜州在河南者。清代经师求汉师三危之说虽推源郑君，而于瓜州古义犹未之知，惜也。

致顾颉刚先生书

颉刚先生史席：

前奉手书，惭惶无地。刻勉写成一篇奉上。前刊《禹贡》二篇，与此相关者，屡经更改，一人之作于短期中所刊布者，每自不合，恐为《禹贡》之累，抱愧无已！此篇改至三四次，昨晚写成后，今晨欲重看一过，以神志已倦，几看不出何处遗漏、何处误失。末一篇系补前《赤狄白狄东侵考》未尽之事，并希斧正！乞请丕绳兄于未合处加以修改，则幸甚也。原稿别有《东夷盛衰考》，谨俟下期写清奉呈。又论西周末年气候，皆据竺藕舫先生《中国历史上气候之变迁》一文及竺先生与文通之信，当写时疏于注，亦希于本章后代赐附注为幸！即此，敬候撰安，丕绳兄同此候好！

弟蒙文通拜上

四，廿五

周秦民族与思想

族类殊，则情性异、好尚别，举文为德教无一同。族与族相凌，国与国相伐，力不竞，则宗社为虚，民人虏辱，独立固有之文化，亦将摧毁而无余。周秦之交，尧舜殷周之道几绝，则亡国之败、种族之祸为之也。自丘明、史迁之不能纪其故，后世儒者莫之察，遂昧耳。夫三代之文，于周为最，春秋战国，尤济济多贤士大夫，百家之学朋兴，道术之隆，后世莫及。至秦一区夏，不转睐间，而熠焉以熄。邠岐之间，宗姬之旧京也，政化礼义所从生，及秦有关中，不及百年，乃"杂戎狄之俗，先暴戾，后仁义"，文武周公之道遂斩，此亦事之兴替至异者欤！余既草《古史甄微》，终于西周，又将顺续其事，而后知周秦之变，固夷夏兴替为之也。周自穆王西征，迁戎太原，取其五王以东。太原者，于秦汉为九原、为五原，于今为河套。五王者，始丰王、亳王、貘王、大荔、义渠之王是也。徙戎近塞，江统所忧，自胡羯居代边，而祸发于刘石，周秦之事何独不然？夷、厉、宣、幽，逮于平、桓，蕴隆甚旱，历纪阻饥，民卒流亡，鸿哀在野，三川竭，岐山崩，泾渭之眚已酷，江汉冻，牛羊死，而岁独丰于荆、扬，故于《诗》曰："无草不死，无木不萎。"而召伯营谢，独有阴雨清泉黍苗之盛。宣王、幽王，继世东略，大徙其民淮、汉之间，郑桓公亦徙其民于雒东，于时骊山之祸犹未发也。周、郑既东，关中殆已旷废。西夷乘隙，卒覆宗周，于是泾北之狄、泾西之戎，乃夺我关河以西而有之，则何怪邠岐之间杂戎狄之俗，异族而覆诸夏，此为之始也。秦自上世在西戎，保西陲，申侯曰："昔我先郦山之女，为戎胥轩妻，生中潏。"（《史记·秦本纪》）审胥轩之为戎耶？郦山女在殷周间为天子（《汉书·律历志》），将亦戎狄之雄。申侯者，即平王所奔之西戎，亦宣王所伐之申戎也。中潏生蜚廉，蜚廉生恶来、季胜，季胜之后曰造父，为北唐之戎，御穆王以西征。恶来之后曰大骆，居犬丘，秦之先非子者，大骆支庶也，为孝王牧马汧、渭之间，而邑诸秦。造父、胥轩悉为戎，则秦之为戎无惑也，乌有所谓皋陶、伯益之后者耶？谓之伯益之后者，涉东夷嬴姓而误耳。秦以西戎之裔，攘有河西，一旦席卷山东，平吞楚、夏，又何怪其燔《诗》《书》，贼仁义，尽先圣之道而绝之。故曰周秦之间，种族之变为之也，其斩我三代之文教，岂偶然哉。史迁曰："秦既得意，烧天下《诗》《书》，诸侯史记尤甚，为其有所剌讥也。"后人论秦事，不能悉，殆以此欤！孔子作《春秋》，严夷夏之防，曰"微管仲，吾其被发左衽"，而独许其仁，则以亡国之祸大而戎狄之痛深，"南夷与北夷交，中国不绝如线"，"足惊其暴"也。而诸夏又将微，将拨乱反之正，乃作《春秋》，口授弟子；于秦伯卒，公羊子知秦之为戎，于殽之师，穀梁子知秦之遂狄，此《春秋》之微旨耶！逮秦之既强，以夷狄之势，冯陵诸夏，吞二周而亡诸侯，斩三代之旧，而布其法家之术，以易天下。法家之术，本之戎索，于是姬周之道、儒者之学悉遭夷绝，则周秦相代谢，即曰夷夏之争、儒法之争可也。自法家之说起，于是先圣之道反为时俗讥笑之资，仲尼、子舆为世诟病。甚矣，武力不竞，而德教亦莫能自存，悉禹域惟夷狄之从，周之衰、学之蔀，则戎夷之说淆之也。百家横议，而实戎夏新旧之争、儒法之争为之本，他之能独立自树者，墨家、道家耳。墨家出于孤竹，行于代，邻于儒，道家又本于楚，儒家与异端之争，即中夏与异族之争，周秦学术之荦荦大者，即此三四端而止耳，而皆民族之故也。余家之说，殆为枝末，不过出入于是数者之间，此周秦之交道术之大较欤！

秦自文公以兵伐戎，戎败走，于是文公遂收周余民而有之，地至岐；至宁公遣兵伐荡社，武公伐彭戏氏，至于华山，伐邽、冀，县杜、郑，灭小虢；德公卜居雍，子孙饮马于河；秦之势日逼而东，诸戎以次芟除。观秦东之为诸戎，则知周、郑既迁，而关中之地殆为戎有。武公之十一年县杜、郑，成公十三年而晋灭霍、耿、魏，则晋献公之十六年也。其二十二年，又灭虞、虢，秦穆公之五年也。其二十年秦灭梁、芮。于时秦、晋方强，秦之境日辟而东，晋之境日辟而西，诸戎错居其间，秦晋之兵交于河，而诸戎之事遂日亟，散居之族，莫得抗衡。晋二五耦曰："狄之广莫，于晋为都，晋之启土，不亦宜乎。"于是城蒲与屈。蒲、屈既城，狄既见逼于西，则铤而走险，出晋北，遂以横决于东，仅三年耳，遂逐黎侯，灭邢、卫，郑亦使高克帅师翱翔河上以御狄。以齐桓霸业之方盛，仅迁邢、卫而南之，以保河外，筑中牟、五鹿、负夏、牡丘，以备诸河，莫敢以一矢北向与之争，而河内之地毕沦于狄。夫春秋以来，中夏未尝见狄患，自蒲、屈之城，三年之间，西狄以东窜，灭国兼地，莫之敢撄，如骤雨，如飘风，变生于仓迫，祸发于燎原。齐桓以庄之三十年，北伐山戎，以僖之四年南伐楚，至于召陵，此六年中，非威之不振、势之不强也；狄于其间，以庄之三十二年伐邢，以闵之二年伐卫；僖之元年，齐以诸侯救邢，邢迁于夷仪，僖之二年，诸侯城卫楚丘之郭，而封卫焉，虽曰"邢、卫忘亡"，而诛攘之功无足观者，岂以狄之克比三强，其锋莫可当耶！自荡氏之灭，至蒲、屈之城，才三十年耳。又三年，而狄残邢、卫，横行于东夏，北狄之东徙也，其厉乃至于此极耶！平王之东迁，辛有适伊川，见被发而祭于野者，曰："不及百年，此其戎乎，其礼先亡矣。"见王畿之近地，东迁之初固未尝有戎、狄之族也。犬戎既杀幽王骊山下，闵之二年，虢公败犬戎于渭汭，势已徙逐而东，再东则以僖之二年，虢公败戎于桑田，桑田于今为阌乡；再东而僖之十一年，伊洛、扬拒、泉皋之戎同伐京师，入王城，焚东门；十一年间，戎已逾桃林之塞，"逼我诸姬，入我郊甸"。又十一年，而秦、晋迁陆浑之戎于伊川，则以秦人迫逐吾离于瓜州，而惠公诱以俱来也。及晋灭陆浑，而资之以为晋阴地。戎有诸夏，历春秋至战国，韩、魏共伐伊洛、阴戎，而后又逐之，西戎东徙又至于斯极也。自犬戎覆周，大河以西，驱陷于异俗，自晋城蒲、屈，而戎、狄东窜，至迁陆浑之戎于伊川，此三十年间，又戎、狄出关中而东窜时也。伊洛之戎阻于周、郑，不得东，或南入谢西，为九州之戎，而北又有茅戎、徐吾之戎。残邢坏卫之狄，齐桓御于河，不得南，则折而西向，灭温、有河内，侵及周京，于是晋文继作，匡襄之功，以二军下，次于阳樊，右师围温，左师逆王，取昭叔于温，杀之隰城。夫温固狄所灭苏子邑也，昭叔居温，固依于狄，晋师克狄，而杀昭叔，晋文襄狄之功，视齐桓为盛。天子胙之温、原、州、陉，而河内殷墟更入于晋。于是旧卫地之没于狄者，晋资之以启东阳，旧周地之没于狄者，晋资之以启南阳，晋威方振，齐霸久衰，狄挫于西，则又折而东，渡河围楚丘，卫迁于帝丘以避之，自是周、郑无狄患，而移于齐、鲁诸国，知狄已渡河、绝济，驰突于雷夏、荷泽、大野、孟诸水草之交也。故于后晋灭潞氏，而范中行也、观也，乾侯、柏人，毕为晋有。东夏之地之没于狄者，而晋资之以启范之途。究晋地以推狄地，而后知其势殆若常山之蛇，亘连数千里，环晋之三面，而西属之秦，东属之齐，北狄更渡河而益东。观于此，则东迁以来，固民族转徙一大时期欤！

狄者，于西周属猃狁，于汉属匈奴，自昔处溪谷，各有君长，往往而聚，种落散殊于转徙无常处。晋之败狄于采桑，里克曰"无速众狄"，知于时群狄之尚未合而同戴一主。晋之会狄于攒函，众狄疾赤狄之役，遂服于晋，知狄之又分，而晋灭潞氏。僖之三十三年，白狄始见于《经》，知狄之乱，赤狄、白狄之分也。赤狄、白狄始皆同在河西，赤狄先至晋东，扼太行，白狄独有河西地，赤狄渡河而南，白狄亦来居赤狄、晋东之地。赤狄之役众狄，而潞子主其盟，赤狄既有卫，盖又并北戎而一之。北戎于前为草中之戎，于后为代，赤狄渡河而东，盖又并郮瞒而一之。郮瞒，春秋初年之戎也，于后为长狄。赤狄既灭，而潞氏亡，众狄殆又役于无终。
无终，春秋初之山戎也，于战国为无穷，逮晋灭肥、
鼓，白狄亦仅存鲜虞，鲜虞于后为中山，入战国后魏、
赵灭之。战国之末，漯之北、海之西，狄之余众散处
之。此即田单所攻之狄，苏代所谓北夷方七百里者也。
北狄既入诸夏，并地之多，历年之久，祸烈若是。陆浑
之戎，自瓜州来居伊洛，姜姓者居洛西，与晋败秦师于
殽，允姓者居洛东，则陆浑子也，而伊洛群戎之酋率
也。方文王之为西伯，泾首以北则猃狁，以西则混夷，
南仲一行，并平二寇；武王克商，放逐戎夷于泾洛之
北，而古公以来，獯粥之患稍纾。及穆王西征犬戎，肆
其雄心，使天下之皆将有车辙马迹，盖克树惇。懿王之
时，戎、夷侵暴中夏，诗人疾之，而歌《采薇》。宣王
"薄伐猃狁，至于太原"，引弓之民，犹未得肆其东侵
也。"王锡韩侯，其追其貊，奄受北国，因以其伯。"
韩，于今为延安，当其北者为追、貊。追者，涉也，其
后追也、貊也，为猃狁所逼，稍稍东迁。貊，徙燕东
北，为无终，为大戎、小戎之属。隗姓之狄，自圁、洛
之间，渡西河，止于晋东，为赤狄，则在惠王之时。自
赤狄鸱张而东，追也、貊也亦因之绎骚。北戎南侵齐、
郑，盖以势之逼于群貊。于时郑庄方强，遂再败之。
邢、晋亦败之。戎不得南，而貊遂东逞，山戎以病燕
也。齐桓崛兴，破屠何，斩令支，刜孤竹，禽狄王，以

靖山戎。于是燕之祸戢，而貉以入于辽东西。伐山戎而禽狄王，亦见貉之为祸，实狄逼之。于是朝鲜、肃慎之间，忽焉有三国新来，攘朝鲜之北境而居之。曰涉，曰沃沮，曰句骊，三国之来，当自燕、赵间未可也。则涉者韩北之追，沃沮者晋伐之狄柤，句骊即晋伐之骊戎，而齐斩之离枝也。此皆貉类，经燕北而东入海。涿郡方城之韩，殆又先入海而南为马韩。此貉族迁徙之又一道也。齐桓救燕之役，逐迫貉族以东驱，则齐桓之功于是乎伟矣。山戎东而狄南下太行，昔者郑能再败北戎，兹则郑师且翱翔河上，周与之南阳而不能有；昔者齐越千里之险以北伐山戎，兹则城河、济而守之，迁邢、卫于南河之外；则齐、郑已无能为力。虽然，无齐则无以制狄之东逸也。狄既灭温侵周，晋文又创之而复河内。方春秋之初，非郑庄小霸，则北戎于时已横决而东西，未可知也。北戎之南也，阻于郑而山戎遂东，犬戎之东也，阻于郑而群戎又南，郑之有造于中夏，岂浅末哉！晋城蒲、屈，以启土于广莫，而狄以北走。狄灭温侵周，晋师下阳樊，而狄渡河以东。周桓公曰："我周之东迁，晋、郑焉依。"盖宗周既灭，戎狄披倡，非晋持之于北、郑持之于南，灭国启疆，东西支距，则郑廓之间，衰周一发，未知所存，而中夏几已左衽也。《春秋》之作，惟奖桓、文，斯皆以功在东夏言之耳。若郑武、庄以来，西土之事，岂可忽哉？犬戎、贸戎、陆浑、阴戎之属阻于郑，不得溯大河而东，乃折而南以出轘辕，遂临汝、汉。申、吕、许、缯之属，宣王徙之于方城、汉水间者也，群戎来而缯、吕遂弃汉而入江，申、许又东以入于淮。其卒也，许又西南下至华容，由淮入江，此姜戎迁徙之一道也。楚之先僻在荆山，麇与百濮亦寓于江、汉之间，罗与卢戎在汉南。姜戎逾汉而下，于是麇与百濮、罗与诸戎遂弃汉西走枝江，再由江以入于湘。此沿云梦之西以东南走，此迁徙之又一道也。犬戎、赤狄既去，而白狄又从而入居西河。赤狄稍衰，而白狄亦继之至晋东，而河西之地，则大荔、义渠、乌氏、朐衍之属，走泾、漆之北来居之，达于临晋。则西戎、北狄之迹已遍于禹域，茫茫九围，莫不绎骚，中夏之不沦于左衽被发者亦仅也。上无天子，下无方伯，四夷交侵而中国微矣。籍谈曰："晋居深山之中，戎、狄之与邻，而远于王室，拜戎不暇。"盖晋自唐叔之封，赐之以怀姓九宗，怀姓者，为戎、狄之民，异乎以殷民六族封伯禽、以殷民七族封康叔，其所治者，为中夏之民。启以夏政，疆以戎索，为戎狄之法，又异乎鲁、卫之封，启以商政，疆以周索，而施之以中夏之法也。武羌，屬羌，赵、魏之属，且相率以入于晋，羌戎与诸华相杂而居。则晋者，固夷、夏相半之国乎？方齐桓之殁，狄焰方张，宋人伐齐丧，则狄救之，卫方病邢，而狄为谋之，居然仗大义以临诸侯，夷、狄也而有忧中国之心，《匪风》思王、霸，《小雅》废，诸夏日卑，戎狄遂昌，几并吊伐之柄而丧之，微晋文北逐狄、南却楚，则陆沉之痛先刘、石而见之也。晋自迁陆浑之戎于伊川，守桃林，而秦人不得出殽塞；置九州之戎，而秦人不得出武关。河西之地，久为晋有，而大荔得居王城，则晋之诱以来可知也。于是秦人不得出临晋之关。自詹嘉处瑕，而守桃林之塞，以塞秦东向之门户，又重之以陆浑、九州、大荔之戎，使不得进窥华夏之域。卒之吴起收涕于岸门，而西河不守，俾山东冠带之国终并于秦，而三代之文坠绝莫之复。嗟乎！孰为为之，孰令致之，可胜叹哉！

夫西北之族，天性悍勇，儿能骑羊，引弓射鸟鼠，少长则射狐兔，用为食，士力能弯弓，尽为甲骑，宽则随畜，因射猎禽兽为生，急则人习战攻以侵伐，长兵则弓矢，短兵则刀铤，贵壮健，贱老弱，不知礼义。故"秦民出其父母怀衽之中，生未尝见寇也，闻战，顿足徒裼，犯白刃，蹈炉炭，断死于前者，皆是也"；"山东之卒，被甲冒胄以会战，秦人捐甲徒裎以趋敌，左挈人头，右挟生虏"；秦人"匿嫡之名"，"嫡子生不以名，令于四竟择勇猛者而立之"；故曰："秦与戎狄同俗，有虎狼之心，贪戾好利而无信，不识礼义德行，苟有利焉，不顾亲戚兄弟，若禽兽耳。"秦之民族，与山东民族已不同；商君之治秦，曰："始秦戎狄之教，父子无别，同室而居，今我更制其教，而为其男女之别。"则秦之为秦可知也。非商君变三代之度，俾秦由文而退之野，实由野而渐进之文。崤之师，秦越千里之险，入虚国，乱人子女之教，无男女之别，秦之为戎，自崤之战证之也，以其用戎狄之教乱诸夏也。《商君书·兵守篇》言：

> 三军，壮男为一军，壮女为一军，男女之老弱者为一军，此之谓三军也。壮男之军，使盛食厉兵，陈而待敌。壮女之军，使盛食负垒，陈而待令。客至而作土以为险阻，及耕格阱，发梁撤屋。……老弱之军，使牧牛马羊彘，草木之可食者收而食之，以获其壮男女之食。

女子为军，亦秦事之至可异者。唯秦之壮女、老翁亦各为军，故《古史考》言："秦以战获首级者，计而受爵，是以秦人每战胜，老弱妇人皆死，计功赏至万数，天下谓之上首功之国。"是妇女老弱皆在行间，亦以首功受爵。《魏氏春秋》陈群奏言："典籍之文，妇人无分土命爵之制。在礼，妇因夫爵，秦违古法，非先王之令典。"此秦之妇人有爵，固以戎行斩首之功也。《后汉书·郑泰传》载泰言："关西诸郡，颇习兵事，妇人犹载戟操矛，挟弓负矢。"女子任战，至汉而关西犹然，亦信乎秦之为戎也。《墨子·备城门》言："守法：五十步，丈夫十人，丁女二十人，老小十人，计之五十步四十人。""广五百步之队，丈夫千人，丁女子二千人，老小千人，凡四千人。"又《号令篇》言："诸男女有守于城上者，什六弩四兵，丁女子老少人一矛。"《墨子》此数篇中多秦官秦法，亦言女子为军，是盖出于唐姑梁之徒，所谓秦之墨也。或又以此为"商鞅辈所为，而墨学者取以益其书"。唯秦之女子亦任战役，故《赵世家》称穆公谓："帝告我，且令而国男女无别。"而《穀梁传》亦言："秦乱人子女之教，无男女之别。"秦之男女无别，盖非徒礼俗之故。既任战而复受爵，则义务与权利亦无男女之别也。则与山东之国，固若是其相违耶！贾谊言："秦人家富子壮则出分，家贫子壮则出赘，借父耰锄，虑有德色。""母取箕帚，立而谇语，抱哺其子，与公并倨，妇姑不相说，则反唇而相稽。"《商君列传》言："民有二男以上，不分异者倍其赋。"唯秦之男女权利义务无别，故与东方之家族制度大殊。男女相适，嫁赘并行，且不容有山东大家庭存于其间，女子亦自无翁姑之义与恩，故曰"秦与戎狄同俗，不识礼义德行，苟有利焉，不顾亲戚兄弟，若禽兽耳"。故其政有"令男子书年"，而"为户籍什伍"。法家每有门子、公民之说，盖使人皆为国之公民，不为世族之门子。《商君列传》言："行之十年，秦民皆勇于公战，怯于私斗。"《货殖列传》言："齐带山海，膏壤千里，其俗宽缓阔达，怯于众斗，勇于持刺，故多劫人。"以齐视秦，则东西相异之情毕显。夫众斗，公战也；持刺，私斗也。众斗之强在公室，私斗之强为私门。刺客、游侠、复仇、劫人，皆私斗也。法家抑游侠，而秦法禁报仇，意在易私家之强为公室之强耳。《始皇本纪》言：发诸赘婿贾人，略取陆梁地，为桂林、象郡、南海。晁错言："秦时北攻胡貉，筑塞河上；南攻扬越，置戍卒焉。秦民见行，如往弃市，因以谪发之，名曰谪戍。先发吏有谪，及赘婿贾人，后以尝有市籍者，又后以大父母、父母尝有市籍者。"秦之抑商，如此其至。《商君列传》："大小僇力本业，耕织致粟帛多者复其身。事末利及怠而贫者，举以为收孥。"本业为耕织，末利为工商，秦人力致富强而抑工商者何哉？盖游侠则强在私家，故抑之，公战则强在公室也；商贾之利，则富在私家，故抑之，耕织则富在公室也。此正秦夺私门之富强为公室之富强也。商贾、游侠，盛于山东，而秦力抑之，此正以公民之政与私门之政争。山东之富强在私家，而秦人之富强毕归于国，东西之政，殊异若是，秦之吞二周而兼诸侯，岂偶然哉！周人之治，"关市稽而不征，泽梁无禁"。而《商君书·垦令》曰："重关市之赋，则农恶商，商有疑惰之心，则草必垦矣。"《外内篇》又曰："苟能令商贾技巧之人无繁，则欲国之无富不可得也。"其视民之有商，犹木之有蠹。《淮南子·泛论》："秦之时，入刍稿，头会箕敛，入于少府。"《汉书·百官公卿表》："少府，秦官，掌山海池泽之赋。"《盐铁论·非鞅篇》："商君相秦，设百倍之利，收山泽之税，国富民强，器械完饰，蓄积有余。是以攘地斥境，不赋百姓而师以赡。"秦抑商贾而专山泽之利，以为师行之资。秦之富民，其见于《货殖列传》者：如蜀卓氏、程郑、宛孔氏，以铁冶；乌氏倮以畜牧；巴寡妇以丹穴；未有以商贾致富者，独尽辟山泽之利。此与孟子所谓"使天下商贾皆欲藏于王之市"者，亦大异其趣也。董仲舒言："秦用商君之法，除井田，民得卖买，富者田连仟佰，贫者无立锥之地，又专山泽之利，管山林之饶。荒淫越制逾侈以相高，邑有人君之尊，里有公侯之富，小民安得不困。又加……屯戍……力役，三十倍于古，田租口赋、盐铁之利，二十倍于古。或耕豪民之田，见税什五，故贫民常衣牛马之衣而食犬彘之食。"《汉书·食货志》言："秦孝公用商君，坏井田，开仟佰，急耕战之赏……僭差无度。庶人之富者累巨万，而贫者食糟糠。"崔寔《政论》言："秦堕坏法度，制人之财既无纲纪，而乃尊奖并兼之人，于是上家累巨亿之赀，斥地侔封君之土，故下户踦𨂂，无所跱足，乃父子低首，奴事富人，躬率妻孥为之服役。"（摘引《通典》）盖周之制以世禄为贵贱之永隔，而行井田则无贫富之悬殊。秦令富贵之家，皆出于兵。故

《荀子·议兵》言"五甲首而隶五家"。于是废井田，而贫富之别判然也。贫富之判明，而下户且为上家之奴役。卓氏之属，僮至千人。《王莽传》言："秦置奴婢之市，与牛马同兰。"则人口之买卖与牛马同，又进而操其生杀之权也。于周仅有罪人之奴，与四夷之隶，此又其大异者也。《汉官仪》言："始皇灭诸侯为郡县，不世官，守相令长以他姓相代，去世卿大夫。"而"商君行法，不私贵宠，刑无等级"，"宗室非有军功论，不得为属籍"。周之贵族政治，至秦而黜削以尽。此周之政治为贵贱阶级之政治，秦则为贫富阶级之政治，是又一大别也。《左传》昭二十九年：晋铸刑鼎，著范宣子所为刑书。"仲尼曰：晋其亡乎？失其度矣。夫晋国将守唐叔之所受法度，以经纬其民，卿大夫以序守之，民是以能尊其贵，贵是以能守其业，贵贱不愆，所谓度也。……今弃是度也，而为刑鼎，民在鼎矣，何以尊贵，贵何业之守？贵贱无序，何以为国？"此又见周世之制，刑法为秘密。《周官》八议之法，而刑法非平等。若《商君书·定分篇》三法吏之说，则刑法为公开，此《始皇本纪》所谓"欲学法令以吏为师"之事也。楚庄王曰："子文无后，何以劝善？"晋祁奚曰："社稷之固，将十世宥之，以劝能者。"皆山东之国，刑法不平等之事也。而商君"不私贵宠，不偏疏远，法令必行"（《新序》）。《秦策》言："商君治秦，法令至行，公平无私，罚不讳强大，赏不私亲近。"是亦周、秦之异致者。即以刑法言之：三代以来，为五刑之说，而法且不著；秦汉而下，法经而刑纬，法可知而刑不明，亦异趣矣。至秦贵贱之辨泯，而贫富之分厉也。《新书·时变篇》言："秦国失理，天下大败，众掩寡，壮凌衰，攻击夺者为贤贵人，善突盗者为圻诸侯。唯告罪昆弟，欺突伯父，逆于父母乎。然钱财多也，衣服循也，车马严也，富民不为奸，而贫为里骂。廉吏释官而归为邑笑，居官敢行奸而富为贤吏。"《俗激篇》言："弃礼义，捐廉丑……其甚者到大父矣，贼大母矣，剽妪矣，刺兄矣。"《淮南子》言："秦王之时，人或菹子。"《新书·孽产子》言："民卖产子，得为之绣衣编经，履偏诸缘。"夫秦之戾俗之僻，固至于此极也。《淮南子·要略》曰："秦国之俗，贪狠强力，寡义而趋利，可威以刑，而不可化以善，可劝以赏，而不可厉以名，被险而带河，四塞以为固，地利形便，畜积殷富，孝公欲以虎狼之势而吞诸侯，故商鞅之法生焉。"商君之治，固袭于秦旧者多。《鞅传》言："定变法之令，令民为什伍，而相收司连坐。"《汉书·刑法志》言："秦用商鞅，连相坐之法，造参夷之诛。"然《秦本纪》《始皇本纪》，文公二十年，初有三族之罪，献公十年，为户籍相伍，皆前于商君，故秦之治与三代不相袭，则自其戎狄之教耳。由余，戎人也，笑

《诗》《书》礼乐法度乃中国所以乱，谓："上圣黄帝作礼乐法度，身以先之，仅以小治。及其后世，日以骄淫，阻法度之威，以责督于下，下罢极，则以仁义怨望于上，上下交争怨，而相篡弑，至于灭宗，皆以此类也。夫戎夷不然，上含淳德以遇其下，下怀忠信以事其上，一国之政，犹一身之治，不知所以治，此真圣人之治也。"则戎狄之族倨慢自矜，极诋中华先圣之教，不稍忌惮。于后商君教孝公"燔《诗》《书》，明法令"，以《诗》《书》礼乐为六虱。至始皇吞灭六王，祸极于焚坑，则以戎狄之教与中夏不并容。于是乃知周、秦间法家之说，鄙仁义，贱《诗》《书》，皆北方之学，固本戎狄之教，以与中夏儒家之教争；而后知百家竞奋、处士横议者，皆种族之争；儒家与异端辩，即诸夏与夷狄抗也。李疵语赵武灵王曰："夫好显岩穴之士而朝之，则战士怠于行陈；上尊学者，下士居朝，则农夫惰于田。战士怠于行陈者，则兵弱也；农夫惰于田者，则国贫也。兵弱于敌、国贫于内而不亡者，未之有也。"（《韩非子·外储说左上》）赵威后之语齐使，则曰："于陵子仲尚存乎？是其为人也，上不臣于王，下不治其家，中不索交诸侯，此率民而出于无用者，何为至今不杀乎？"（《战国策·齐策》）此皆法家思想之所从出，岂齐、鲁之儒所能道者耶！盖至周之衰，冠带战国七，而秦、赵、燕三国边于胡。晋固抚有戎狄之民，而治以戎狄之法，三晋北方之国，殆久渐于戎狄之化，奚止武灵王之胡服骑射，诧诧末节已哉。全晋之时，固授之以戎狄之民，而治之以戎狄之法。法家者流，恒出于三晋北方之国，故曰法家者，戎狄之教，而最适于秦，戎狄之民也。北戎之侵郑也，郑伯御之，曰："彼徒我车，惧其侵轶我也。"昭之元年，中行穆子败无终及群狄于太原，魏舒曰："彼徒我车，请皆卒。"乃毁车以为行。春秋之世，战以长毂，晋之治军邾南，甲车四千乘；逮乎战国，苍头、奋击，莫非徒兵，则诸华之悉变而取法于戎，固足验矣，岂独主父胡服变赵已哉！

论儒法之争　儒法言政，为两极端。孟子曰："莫如师文王，师文王，大国五年，小国七年，必为政于天下矣。"故又曰："遵先王之法而过者，未之有也。"而商君则曰："前世不同教，何古之法？帝王不相复，何礼之循？"韩非诋"愚学不知治乱之情，谍诔多颂先古之书，以乱当世之治"（《韩非子·奸劫弑臣》）。孟子曰："昔者文王之治岐也，耕者九一，仕者世禄，关市讥而不征，泽梁无禁，罪人不孥。"而商君治秦，开阡陌为辕田，田租、口赋二十倍于古，则非九一之税也；宗室非有军功论不得为属籍，守相令长以他姓相代，去世卿大夫，则非世禄之仕也；重关市之赋，置盐铁之官，而夺盐铁之利，则非关市不征；专山泽之利，入刍藁头会箕敛，输于少府，则非泽梁无禁；造参夷之诛，为什伍而相收司连坐，则非罪人不孥。秦人法家之治，与儒家初周之治，若是其相反。《汉书·刑法志》言："吴有孙武，齐有孙膑，魏有吴起，秦有商鞅，皆禽敌立胜，垂著篇籍。"《艺文志》兵权谋家有《公孙鞅》二十七篇，荀卿子曰："秦之卫鞅，世俗所谓善用兵者也。"农家有《神农》二十篇，师古引刘向《别录》云："疑李悝及商君所说。"商君使民，内急耕织之业以富国，外重攻战之赏以劝戎士，其言曰："国之所以兴者农战也。"于是"僇力本业，耕织致粟帛多者复其身"，"五甲首而隶五家"，俾民勇于公战。农战者，法家之所以为治也。耕以为富，战以为强。孟子曰："今之事君者曰：'我能为君辟土地，充府库。'今之所谓良臣，古之所谓民贼也。君不乡道，不志于仁，而求富之，是富桀也。我能为君约与国，战必克，今之所谓良臣，古之所谓民贼也。君不乡道，不志于仁，而求为之强战，是辅桀也。"辟土地对耕言之，战必克对战言之也，此正对法家之治言之也。孟子曰："城郭不完，兵甲不多，非国之灾也；田野不辟，货财不聚，非国之害也。上无礼，下无学，贼民兴，丧无日矣。"此对以农战为富强法家之治言之也。史迁言："三晋多权变之士，夫言从衡强秦者，大抵皆三晋之人也。"孟子于"约与国""连诸侯"，皆对从衡家言之，其曰："善战者服上刑，连诸侯者次之，辟草莱、任土地者又次之。"其处处对农战、对法家言之，对从衡家言之，即所以对北方之学言之也。法家"不别亲疏，不殊贵贱，一断于法"，商君"内不阿权宠，外不偏疏远"。桃应问孟子曰："舜为天子，皋陶为士，瞽瞍杀人，则如之何？"此据法家以为问也。万章曰："象至不仁，封之有庳，有庳之人奚罪焉。仁人固如是乎？在他人则诛之，在弟则封之。"此亦据法家以为问也。《韩非子·忠孝》称《记》曰："舜见瞽瞍，其容造焉。孔子曰：当是时也，危哉，天下岌岌！有道者，父固不得而子、君固不得而臣也。"而咸丘蒙问孟子曰："语云：盛德之士，君不得而臣，父不得而子，舜南面而立，尧帅诸侯北面而朝之，瞽瞍亦北面而朝之，舜见瞽瞍，其容有戚。孔子曰：于斯时也，天下殆哉，岌岌乎！"此正据法家之说以为问也。《商君书》言"辩慧，乱之赞也"，疾民之"好辩乐学"。《韩非子》亦言："群臣为学，门子好辩者，可亡也。"法家疾乎辩士，而公都子曰："外人皆称夫子好辩。"商君禁游宦之民，法家疾游学，而彭更问曰："后车数十乘，从者数百人，以传食于诸侯，不以泰乎？"此皆据法家之义难之也。故再曰："士无事而食，不可也。"孟子曰："伯夷，圣之清者也"，"故闻伯夷之风者，顽夫廉，懦夫有立志。"而《韩非子·奸劫弑臣》曰：

"古有伯夷、叔齐者，武王让以天下而弗受，二人饿死首阳之陵，若此臣者，不畏重诛，不利重赏，不可以罚禁也，不可以赏使也，此之谓无益之臣也，吾所少而去也。"《韩非》嘉伊尹为宰、百里奚为虏，而谓"离俗隐居，而以非上，臣不谓义"（《有度》）。陈代曰："不见诸侯，宜若小然，志曰枉尺而直寻，宜若可为也。"周霄问曰："古之君子仕乎？"此皆据法家言之也。景春曰："公孙衍、张仪，岂不诚大丈夫哉？"此据从衡家言也。此皆北方之学与东方之学不并容，新旧、儒法之争，夷、夏之争，考之《孟子》，而彰彰可识矣。

《吕览·贵卒》载："吴起谓荆王曰：'荆所有余者，地也，所不足者，民也，今王以所不足，益所有余，臣不得而为也。'于是令贵人往实旷虚之地，皆甚苦之。"《韩非子·和氏》言："昔者吴起教楚悼王以楚国之俗曰：'大臣太重，封君太众，若此，则上逼主而下虐民，此贫国弱兵之道。不如使封君之子孙，三世而收爵禄，绝灭百吏之禄秩，损不急之枝官，以奉选练之士。'"《淮南子·道应》言："吴起为楚令尹，将衰楚国之爵，而平其制禄，损其有余，而绥其不足，砥砺甲兵，以时争利于天下。"《吴起列传》言："吴起相楚，捐不急之官，废公族疏远者，以抚养战斗之士，要在强兵，破驰说之言从横者。于是南平百越，北并陈、蔡，却三晋，西伐秦，诸侯患楚之强，故楚之贵戚尽欲害吴起。"吴起之治，法家之治也，厉耕战，废公族，与商君之治秦同。见战国以来，法家之治已被于南，则摧周政之旧而代之者，非法家耶？商君相秦，多取李悝之治。商君取之晋而用之秦，吴起取之晋而用之楚。三晋多法家者流，则晋者，授以戎狄之民，治以戎狄之法，戎索、周索错，而法家之说生焉。韩之战，晋于是乎作州兵、作爰田，此法家厉耕战之所由昉乎！晋以桓、庄之族逼，又以骊姬之乱，诅无畜群公子，此法家废公族所由昉乎！故戎索、周索错，而晋固法家所从生也。《韩非子·南面》有言："管仲毋易齐，郭偃毋更晋，则桓、文不霸矣。"商君称郭偃之法曰："论至德者，不和于俗，成大功者，不谋于众。"被庐之法，郭偃之法也，肥义、商鞅皆征之，可以明法家之所由来。子产曰："惟有德者能以宽服民，其次莫如猛。夫火烈，民望而畏之，故鲜死焉；水懦弱，民狎而玩之，则多死焉。故宽难。"（《左传》昭二十年）此法家之所本。《韩非·五蠹》言："十仞之城，楼季弗能逾者，峭也；千仞之山，跛牂易牧者，夷也。故明王峭其法，而严其刑。"此适符于子产之意。治之不古，自晋、郑始，以其邻于戎狄，所濡者渐矣。晋赵鞅、荀寅铸刑鼎，以著范宣子所为刑书，郑子产杀邓析而用其竹刑，铸刑书而制参辟，此舍德而用刑之始。自《小雅》

废，中夏微，要荒俘裔侵暴诸华，践蹂京洛，夷夏相荡激，而新政异说以生。根荄既殊，理道各异，品节典度终不同。儒者之治，主于"以不忍人之心，行不忍人之政"，"君子莫大乎与人为善"，祖尚禹、稷饥溺之心，文王视民如伤之意，故主于乐民之乐、忧民之忧，而戒乎好人之所恶、恶人之所好。而《韩非》之言曰："严刑重罚者，民之所恶也，而国之所以治；哀怜百姓、轻刑罚者，民之所喜，而国之所以危也。圣人为法国者，必逆于世。"（《奸劫弑臣》）申子曰："有天下而不恣睢，命之曰以天下为桎梏。"（《李斯列传》）此岂饥溺不忍之意乎？其曰："以妻之近，与子之亲，而犹不可信，则其余无可信者也。"（《韩非子·备内》）又曰："父母之于子也，产男则相贺，产女则杀之，虑其后便计之长利也。故父母之于子，犹用计算之心以相待，而况无父子之泽乎？"（《六反》）则又何论于儒家"老吾老以及人之老，幼吾幼以及人之幼"？韩子言："圣人之治国也，固有使人不得不爱我之道，而不恃人之以爱为我也，故设利害之道以示天下而已矣。"（《奸劫弑臣》）则又何论于与人为善？由儒家之说，则人与人相亲，人皆可以为尧舜，而四海之内皆兄弟，则"性善"之说也。法家则人与人相贼，则"性恶"之说也。

　　附论《荀子》　儒、法以"性善""性恶"之不同，而政治亦因以迥异。韩子曰："行仁义者，非所誉，誉之则害功；工文学者，非所用，用之则乱法。""故明主之国，无书简之文，以法为教，无先王之语，以吏为师。""今世儒者，不言今之所以为治，而皆道上古之传，誉先王之成功。"（《五蠹》《显学》）《商君书》亦以巧言虚道为劳民，谓"国去言则民朴"，"《诗》《书》、礼、乐、善、修、仁、廉、辩、慧，国有十者，上无使守战，国以十者治，敌至必削，不至必贫。国去此十者，敌不敢至，虽至必却；兴兵而伐，必取，按兵不伐，必富。"（《商君书·农战》）《韩非》又谓："世之学术者，说人主皆曰仁义惠爱而已矣。世主美仁义之名，是以大者国亡身死，小者地削主卑。夫施与贫困者，此世之所谓仁义；哀怜百姓、不忍诛罚者，此世之所谓惠爱也。夫施与贫困，则无功者得赏；不忍诛罚，则暴乱者不止。……故善为主者，使民以功赏而不以仁义赐，严刑重罚以禁之，使民以罪诛而不以惠爱免。"又曰："见大利而不趋，闻祸端而不备，浅薄于争守之事，而务以仁义自饰者，可亡也。"于孟子则曰："何必曰利，亦有仁义而已矣。"孔子曰："赦小过，举贤才。"而商君"行刑，重其轻者，轻者不生，则重者无从至矣；行刑重其重者、轻其轻者，轻者不止，则重者无从止矣"（《说民》）。李斯曰："唯明主为能深督轻罪。夫轻罪且督深，而况有重罪乎？故民不敢犯也。"则非"赦小过"之说也。《商君书·去强》言："国以善民治奸民者，必乱至削，国以奸民治善民者，必治至强。"《韩非·二柄》言："人主有二患：任贤，则臣将乘于贤以劫其君；妄举，则事沮不胜。故人主好贤，则群臣饰行以要君欲，则是群臣之情不效。"则非"举贤才"之说也。周公谓鲁公曰："君子不施其亲，不使大臣怨乎不已，故旧无大故则不弃也。"孟子曰："所谓故国者，非谓有乔木之谓也，有世臣之谓也，王无亲臣也。"问贵戚之卿，则曰："君有过则谏，反复之而不听，则易位。"商君日绳秦之贵公子，塞私门之请。《韩非》亟称吴起"大臣太重，封君太众，则上逼而下虐民"之说，《孤愤》《奸劫弑臣》二篇，亟诋重臣当涂之人。孟子曰："不得罪于巨室。"且又曰："周公之封于鲁也，为方百里，今鲁方百里者五……有王者作，则鲁在所损乎，在所益乎？"直欲反战国于初周之封建。《楚策》载荀卿为书谢春申君曰："疠人怜王，此不恭之语也，虽然，不可不审察也，此为劫弑死亡之主言也。夫人主年少而矜材，无术以知奸，则大臣主断国私以禁诛于己也，故弑贤长而立幼弱，废正适而立不义。……夫疠虽痈肿疱疾，上比前世，未至绞缨、射股，下比近代，未至擢筋而饿死也。夫劫弑死亡之主也，心之忧劳、形之困苦，必甚于疠矣。由此观之，疠虽怜王可也。"荀卿，三晋之士也，虽习儒家之言，而究不离法家之说，故立言异乎孔、孟而同于商鞅、吴起、韩非之徒。荀卿言礼，"以养人之欲、给人之求"，倘亦商、韩言治之意耶！余杭章太炎氏尝语余曰："荀卿不反法家。"其言有旨哉。夫荀卿究为北方之学者，故终不同于孟子"性善"之论。性恶固法家之论，荀卿殆为法家立根据耳，岂能与儒家之政与学相符同欤！战国之士，无不疾首于秦者，惟《荀子·议兵》曰："秦人其生民也陿陋，其使民也酷烈，劫之以势，隐之以阸，忸之以庆赏，鳅之以刑罚，使天下之民所以要利于上者，非斗无由也。"秦之为秦，卿知之非不审也。而《强国》又曰："入境，观其风俗，其百姓，古之民也；其百吏，古之吏也；其士大夫，古之士大夫也；其朝，古之朝也。"鲁连不忍为之民，而荀卿历其朝，若曰"是犹古之治也"。故曰：荀卿，北方之学者，儒宗之异派也。秦有区夏，北方之势张，汉仍于秦，天下既定，殆八十余年之间，然后罢黜百家，表彰六经，独尊仲尼之术。然齐、鲁儒生，率皆子夏、荀卿后学之徒，则行于汉者，为儒之异派。荀卿北方之学，以别子为大宗，而孟氏之传、邹鲁之真于是乎斩矣。窃怪乎非子、商君，宗姬之胤也，渐于戎狄之化而莫自觉，甚至举文、武、周公之道而讥讪之，思并其书而毁绝之，非所谓"用夷变夏"者欤！无怪于秦汉而后，儒者之治道学术之举不能复西周之旧者，以其行杂于北方荀卿之学也。

　　诸华、诸戎以民族之殊，情尚政俗不同，极之于"性善""性恶"之论迥别，"天命"之说亦遂以异致。《商书》："我生不有命在天。"儒者因之曰："死生有命，富贵在天。"曰："莫之为而为者天也，莫之致而至者命也。"故《墨子·公孟》谓：儒之道足以丧天下者四政焉："以命为有，贫富、寿夭、治乱、安危不有极矣，不可损也，不可益也，此足以丧天下。"此商、周以来之旧说，儒与阴阳所共循者也。《荀子》曰："强本而节用，则天不能贫；养备而动时，则天不能病；修道而不贰，则天不能祸。故水旱不能使之饥，寒暑不能使之疾，祆怪不能使之凶。本荒而用侈，则天不能使之富；养略而动罕，则天不能使之全；倍道而妄行，则天不能使之吉。故水旱未至而饥，寒暑未薄而疾，祆怪未至而凶。……故明于天人之分，则可谓至人矣。……天有其时，地有其财，人有其治，夫是之谓能参，舍其所以参而愿其所参，则惑矣。""故君子敬其在己者，而不慕其在天者。……大天而思之，孰与物畜而制之？从天而颂之，孰与制天命而用之？望时而待之，孰与应时而使之？因物而多之，孰与骋能而化之？思物而物之，孰与理物而勿失之也？"孟子以为："天也，非人之所能也。莫之为而为者天也，莫之致而至者命也。""莫非命也，顺受其正。"荀卿则主于制天命而理物，是诚西北新民族、新思想，与东方旧民族、旧思想，根本之异。《荀子》曰："夫日月之有蚀，风雨之不时，怪星之傥见，是无世而不常有之。上明而政平，则是虽并世起，无伤也。上暗而政险，则是虽无一至，无益也。夫星之队，木之鸣，是天地之变、阴阳之化，物之罕至者也，怪之，可也，而畏之，非也。物之已至者，人祅则可畏也。楛耕伤稼，耘耨失薉，政险失民，田薉稼恶，籴贵民饥，道路有死人，夫是之谓人祅；政令不明，举错不时，本事不理，夫是之谓人祅；礼义不修，内外无别，男女淫乱，则父子相疑，上下乖离，寇难并至，夫是之谓人祅。"斯正对东方思想言之，对墨家"天志""明鬼"言之，对"阴阳之术大祥而众忌讳"言之也。灾变之故，阴阳所恒道，墨者亦道符瑞，此皆荀子《天论》之所斥也。墨子之道，其事上尊天，中事鬼神，下爱人，上利于天，中利于鬼，下利于人，故言必称天鬼。阴阳家牵于禁忌，泥于小数，舍人事而任神鬼，此墨与阴阳之所同也。阴阳家归本于仁义节俭，此又阴阳、墨家之所同也。故墨家又言"兼爱""非攻"，此与法家之相去，何啻霄壤。故言"天"言"仁"者，阴阳、儒、墨之所同，而与法家根本反异者也。法先王，贵仁义，重《诗》《书》，尚文学，非攻而畏天，儒、墨、阴阳之所共也。儒、墨出于鲁，阴阳出于齐，此东方之术，出于殷、周之旧也。法、兵、从衡则一反乎此，此秦、晋之说，北方之学，本之戎、狄者也。诸华、诸戎，其思想根本之不同如此。子产曰："天道远，人道迩。"《韩非·饰邪》一篇最近之，此亦子产同符北方之一证。周、秦之间，夷、夏交争于中原，兵相荡，道相激，法家之说，冲击儒者之坊表而败之，戎、狄之肆暴，逼诸华而困之。方邯郸之围，新垣衍请帝秦，鲁仲连曰："彼秦者，弃礼义而尚首功之国也，权使其士，虏使其民。彼即肆然而为帝，过而为政于天下，则连有蹈东海而死耳，吾不忍为之民也。"此见于时俗化之不相容，夷、夏之不并立，东方之士，其痛愤于秦之深。太史公曰："陈涉之王也，而鲁诸儒持孔氏礼器往归陈王，于是孔甲为陈涉博士，卒与涉俱死。陈涉起匹夫，驱瓦合适戍，旬月以王楚，不满半岁竟灭亡，其事至微浅，然而缙绅先生之徒，负孔子礼器往委质为臣者，何也？以秦焚其业，积怨而发愤于陈王也。"盖宗社之怨既深，种族风教亦殊，而道术之痛尤笃也。荀卿以北方之学者，能崇尚儒术，宗师仲尼，是为难能。然"性恶""制天"之说，终莫能自拔于北方之习，囿于戎狄之化，不能契合于仲尼、孟轲。自子夏居西河，荀卿起于赵，东方儒者之学以得被于北方，而有北方之儒，此儒之异派也，不足以言邹、鲁之旨，未契于仁义之微。秦、汉以后儒者，率渊源于子夏、荀卿，则北方异宗之儒盛，而邹、鲁儒学嫡传乃渐绝无闻也。

附论《管子》 儒之治曰："民之所好好之，民之所恶恶之。"而法家反是，以为："圣人为法，必逆于世。"《管子》则同于儒而异于法，其《牧民·四顺》曰："政之所兴，在顺民心；政之所废，在逆民心；民恶忧劳，我佚乐之；民恶贫贱，我富贵之；民恶危坠，我存安之；民恶灭绝，我生育之。能佚乐之，则民为之忧劳；能富贵之，则民为之贫贱；能存安之，则民为之危坠；能生育之，则民为之灭绝。故刑罚不足以畏其意，杀戮不足以服其心。故刑罚繁而意不恐，则令不行矣；杀戮众而心不服，则上位危矣。故从其四欲，则远者自亲，行其四恶，则近者叛矣。故知予之为取者，政之宝也。"是与申、韩之专恃威刑者已殊。《老子》曰："民不畏死，奈何以死惧之。"又曰："将欲取之，必固予之。"《管子》既与法家之说相远，又与道家之义相通。《国蓄篇》又曰："民予则喜，夺则怒，民情皆然。先王知其然，故见予之形不见夺之理，故民爱可治于上也。"《五辅篇》曰："夫民必得其所欲然后听上，听上然后政可善为也。"此皆反于法家而同于儒家之说也。《权修篇》曰："凡牧民者，使士无邪行、女无淫事。士无邪行，教也；女无淫事，训也。教训成俗，而刑罚省数也。凡牧民者，欲民之正也，则微邪不可不禁也。微邪者，大邪之所生。欲民之有礼，则小礼不可不谨。欲民之有义，则小义不可不行。欲民之有廉，则小廉不可不修。欲民之有耻，则小耻不可不饰。"（节引）《牧民篇》又曰："国有四维：礼、义、廉、耻。""四维不张，国乃灭亡。""礼不逾节，义不自进，廉不避恶，耻不从枉。"管仲之重教化而不恃刑罚，又同于儒而反于法也。《小称篇》曰："天下者，无常乱，无常治，不善人在则乱，善人在则治，在于既善所以感之也。"《权修篇》曰："明智礼以教之，上身服以先之。"《君臣篇》曰："举德以就列，不类无德；举能以就官，不类无能。"《立政篇》曰："德义未明于朝者，则不可加于尊位。"此与儒、墨"尚贤"之说同。法、道两家，皆不尚贤，此又《管子》同于东方而异于北方者也。《齐语》言："为游士八十人，奉之以车马衣裘，多其资币，使周游于四方，以号召天下之贤士。"此与法家禁游士之说反也。《牧民篇》曰："民之经，在明鬼神，祗山川，敬宗庙，恭祖旧。"《小匡》又曰："人与人相保，家与家相爱，祭祀相福，死丧相恤，祸福相忧，居处相乐，行作相和，哭泣相哀。"此与商君之教，秦国之俗，寡义而趋利，苟有利焉，不顾亲戚兄弟，其政俗之殊，相悬若是。《问篇》又曰："毋遗忘老亲，则大臣不怨。"此孔子称"周公谓鲁公曰"意同，又与《中庸》"亲亲则诸父昆弟不怨，敬大臣则不眩"之意同，而与《韩非·奸劫弑臣》一篇殊也。其问宗子之收昆弟"以贫从昆弟者几何家",犹是儒家"收族""敬宗""尊祖"之意。故《牧民篇》称"敬宗庙,恭祖旧"。而商君治秦,民有二男以上不分异者倍其赋,故秦人家富子壮则出分,家贫子壮则出赘。东方始终为"宗法社会",而秦之政、法家之治,则不复存"宗法"也。昔太公治齐,劝以女功之业,通鱼盐之利,而人物辐辏,《管子》承之,设轻重以富国,号为冠带衣履天下,此《管子》之"重工商业"也。商、韩则皆摈抑工商业,此又《管子》与法家异也。于荀卿见北方自有其特异之思想,虽习于儒而终莫能自离于法。于《管子》见东方自有其独殊之宗趣,即虽邻于法而亦未能太远于儒。惟东方同以"顺民""亲民""性善"为本,故《管子·君臣》曰:"夫民别而听之则愚,合而听之则圣,虽有汤、武之德,复合于市人之言。是以明君顺人心、安性情,而发于众心之所聚,与民为一体。"《桓公问》曰:"察民所恶以自为戒,黄帝立明台之议者,上观于贤也;尧有衢室之问者,下听于民也。桓公曰:'吾欲效而为之,其名云何?'对曰:'名啧室之议。'"此所以为顺民心之治也。《墨子》言:"民之无正长以一同天下之义,而天下乱也,是故选择天下贤良圣智辩慧之人立以为天子。"(《尚同中》)此东方"顺民""尚贤"之治也。《礼运》言"大道之行也,天下为公，选贤与能，讲信修睦"，是谓"大同"；"今大道既隐，天下为家，大人世及以为礼"，是谓"小康"。此亦东方"顺民""尚贤"之治也。孟子曰："民为贵。""贵民""尚贤"之治，天子由民人选贤而立之，国政合民人而谋之，以禹、汤、文、武、成王、周公此六君子为"小康"，则自以尧、舜乃庶乎"大同"，此儒者之所以盛赞唐、虞者欤！而删《书》始之。昧者不察，以为《礼运》有道家之说焉。然"选贤与能"东方之说也，而道与法皆不尚贤，"讲信修睦"，"封建"之情也，惟儒家明"封建"，此安在其为道家者言？东方"贵民"之治，立贤以为君，思并"大人世及"之制而毁之，又为之"明堂"以议之，明"争谏"之道。孟子曰："贵戚之卿，君有大过则谏，反复之而不听则易位。"是于时世及之制不得遽废，不可立贤，则有谏过之道、易位之义，以救不肖，此东方"贵民"之实。申子曰："有天下而不恣睢，命之曰以天下为桎梏。"法家"君人独断"之治也。道家之治，则又奚以君臣上下法度为哉？此三方言治之殊也。于《荀子》之异于儒而同于法，于《管子》之同于儒而异于法，则言治、言道以东西戎夏为分，岂不彰彰然明哉！

附论道家 南蛮之属，楚为雄，沿江溯汉，北上以争于汝水、方城。与楚为邻者，东为群舒，有舒子；北则汉阳诸姬，随帅之；西北为群蛮，庸帅之；西南则百濮，麇帅之；南与东南为戎，帅乎罗。罗与戎居襄汉，避楚之逼，南徙于江，近岳州。楚再西，则濮与麇也，弃汉而止枝江，沿江而东，至平江，于是罗与戎也入湘西。百濮自昔来自"左绵巴中"，而始集乎南阳者也。楚益北，而西与巴、秦交通，遂灭庸，而群蛮遂以散为编户。庸者，出自梁州，而居乎濮西，地跨梁、荆者也。庸既灭，巴、楚以相拒于扞关。巴、蜀皆北有汉首，蜀有南郑，巴有南郑以东，治阆中，南徙垫江，于是以北之巴，名南之巴，以北之渝，名南之渝。及楚东并群舒，遂疆吴、越。江、黄、英、蓼之属，淮上之国，驱陷于异俗，而终并于楚。于是吴、楚争徐。徐，古之徐戎也。钟吾、州来，古之淮夷也。昔武王率西夷诸侯伐殷，庸、蜀、羌、髳、微、卢、彭、濮，皆会于牧野。梁州，禹甸也，而悉沦于西戎，又东渐于荆。巴子，固宗姬之封，亦变于戎，曰巴戎（《荀子·强国》）。太伯采药衡山，初在荆蛮，非在吴也。武王诛纣伐奄，奄在蒲姑，有临淄。周公东征，然后齐有蒲姑，鲁有商奄。曲阜，古奄地，而奄始入于淮，成王践奄，而后奄迁于江南，止于无锡。太伯之胤，由荆入扬，止于无锡，将又在奄去无锡之后，则周世东夷之南徙也。独穆王时，徐子率九夷以伐宗周，舟行上国。宣王之世，邾病鲁，纪病齐，汪芒之君、封嵎之守，北上建郳瞞之国于雷夏、大野、荷泽、孟诸、巨野之间，薮浸之处，而东夷亦北上也。东夷于诸华为近，故徐偃王以仁义而亡。墨翟，鲁人，或曰宋人；宋、鲁之间，大野、孟诸、荷泽、雷夏之野，郳瞞亡而地分于鲁、宋，墨翟固居其间者耶？儒、墨虽异而大同，东夷于诸夏为近也。道家则南方之教。陈为楚、夏之交，故陈好巫，已渐于荆鬼越礼之俗。屈原《远游》言："道可受兮不可传，其小无内兮其大无垠，无滑滑而魂兮彼将自然，壹气孔神兮于中夜存，虚以待之兮无为之先，庶类以成兮此德之门。"此固楚人之思想也。楚、夏之交，陈、宋之域，老、庄出焉（庄子，蒙人，宋南境也）。此诸华而沉于南方之教者。《庄子·天运》一篇与屈子《天问》，尤为妙合一致。若以荀子《云》《蚕》各赋，方之宋玉《大言》《小言》，则南方思想与北方思想，其河汉出人意想之外也。汉代之赋，原于《楚骚》，贾谊《鹏鸟赋》，显然道家之思想。道家本于南方，"其术以虚无为本，以因循为用，绌聪明，去健羡"，老、庄与屈子同也。方戎、夏两民族为儒法两思想，起新故两势力之激争，道家以极端之破坏论、怀疑论错于其间。《庄子》曰"剖斗折衡，而民不争"，《老子》曰"法令滋彰，盗贼多有"，则无所事"明法"；曰"民不畏死，奈何以死惧之"，则无所事"严刑"；曰"以道佐人主者，不以兵强天下"，"夫乐杀人者，则不可以得志于天下"，则无所事"强兵"；曰"不贵难得之货，使民不为盗"，"绝巧弃利，盗贼无有"，则无所事"富国"。此皆所以非訾法家者也。曰"大道废有仁义，智慧出有大伪"，"绝圣弃智，民利百倍，绝仁弃义，民复孝慈"，"不尚贤，使民不争"，曰"绝学无忧"，此以非短儒、墨也。东西两文化新故之争方激，南方民族起而两排之。"我无为而民自化"，"见素抱朴，少私寡欲"，弭乱于未形，救败于未然，欲反诸淳古之世，一川之隔，一林之障，其民老死不相往来。许行亦楚产也，至欲"并耕而食，饔飧而治"，废君臣上下，故无事圣王，与儒、墨东方之化殊，与法家西方之治亦别。"诽尧舜"，"小汤武"，"薄仁义"，法家以仁义为迂阔于事情而鄙之，道家又以其煦煦孑孑而小之，故仁义者东夏与异民族学术之大限也；其所以"薄仁义"者不同，又南北学术之辨也。

齐通鱼盐之利，商贾辐辏，以霸诸侯。秦日图富强，至困辱商贾。此无他，正《商君》"民强、国弱"之说，《韩非》"公民、私家"之说也。《货殖列传》言："齐俗怯于众斗，勇于持刺。"而商君治秦，"使民勇于公战，怯于私斗"。此正齐、秦之相反。山东"重游侠""尊刺客"，则强在民；法家抑"侠以武犯禁"而励"公战"，则强在国。"劝农"则富在国，而"重商"则富在民。秦以公民与山东之私家斗，此为以

"国家主义"与"家族社会"相争,此秦之所以吞灭六王者耶!山东言"宗法",言"世卿",言"封建",则齐民制于贵族,"礼不下庶人,刑不上大夫",未为平等之治也;而法家"废公族""杜私门"。山东"明鬼""尊命""敬天",则未离于"神道"也。而道家谓"天法道,道法自然"。荀卿言"制天命",韩非"诋龟筴",儒者知时王之制之未足以应世之急也,于是"师文王"以为说,然宗周制度尚可行于姬苍之季乎?孟子曰:"知其'性'则知'天'矣;存其'心',养其'性',所以事'天'也;夭寿不贰,修身以俟之,所以'立命'也。"《中庸》言:"'天命'之谓'性'。"皆所以修正旧传之"天命说"。墨子且"非命"而言"天志",则所以破"前定"论,而祸福由我求之,殆已采道家之义,而应法家一派之訾短也。至若制度治法,修改益繁,《墨子·尚同》言:"天下之所以乱者,生于无政长,是故选天下之贤可者立以为天子。天子立,以其力为未足,又选择天下之贤可者置立之以为三公。天子、三公既已立,以天下为博大,故划分万国,立诸侯国君。诸侯国君既立,以其力为未足,又选择其国之贤可者置立之以为正长。"又言:"选择天下贤良圣智辩慧之人置以为天子。天子既已立矣,不能独一同天下之义,是故选择天下贤良圣智辩慧之人置以为三公。天子、三公既已立矣,以为天下博大，是故靡分天下，设以为万诸侯国君。国君既已立矣，是故择其国之贤者置以为左右将军大夫，以远至乎乡里之长。"（节引）知墨子之"选贤与能"，上而天子三公，下而将军大夫以远至乎乡里之长，皆"选贤"而任之，独诸侯则否。故两言立贤，而皆不及诸侯，非偶然也。殆以"封建"时代社会之单位为诸侯，不可得而骤变。若周室，不过空有共主之名，则天子可得而选也。"世卿"之制将坏，布衣可起而至卿相，则将军大夫可得而选也。故孟子曰："尊贤使能，俊杰在位。""国君进贤，如不得已，将使卑逾尊、疏逾戚。"此所以改"贵族政治"也。《墨子·尚贤》言举义"不辟贫贱"，"不辟疏"，"不辟远"，亦所以改"贵族政治"也。此全与"远间亲，新间旧，小加大"之戒殊其旨。舜发于畎亩之中，则齐民可登立为天子。天子、三公由选立，大夫里长由选置，而以天子黜陟诸侯，"得乎丘民为天子"。此皆以救诸侯不由选立之理想也。故《墨子·尚同》疾乎"今王公大人之为刑政，以为便嬖宗族父兄故旧"，而贵族之弊塞矣。"制民之产，必使仰足以事父母，俯足以畜妻子，老者衣帛食肉，黎民不饥不寒"；一方则"畜马乘不察于鸡豚，伐冰之家不畜牛羊"，则贫富不致悬绝也。"赐不受命，而货殖焉，亿则屡中"，以"箪食瓢饮"为贤，则无所事"商贾"。"抚剑疾视曰，彼恶敢当我哉，此匹夫之勇也"，"一朝之忿，忘其身以及其亲，非惑欤？"则无所事"游侠"。诸侯上同于天子，天子上同于天，而天则又同于百姓万民。于孟子曰："天谆谆然命之乎？曰天下之民从之，故曰天也。"管子曰："君人者以百姓为天。"（《说苑·建本》）则言天而实民。此儒、墨修正之"天命"，以民为本之说也，则无所事"神权"。《王制》言："广谷大川异制，民生其间者异俗……修其教不易其俗，齐其政不易其宜。"儒、墨同以"民本"为主。儒以五方之民各有性也，不可推移，则又儒之独诣也。法家以"公民"破旧周"宗法"之治，而儒家以"井田"之法救之，曰："乡田同井，出入相友，守望相助，疾病相扶持，方里而井，井九百亩，其中为公田，八家皆私百亩，同养公田。"与管子所谓伍之人"世同居，少同游，故夜战声相闻，足以不乖，昼战目相见，足以相识，其欢欣足以相死"（《齐语》）。此东方"公民"之制、理想之社会，修正旧之"家族制"，而又不同于秦之所谓"公民"也。《礼运》言："货恶其弃于地也，不必藏于己；力恶其不出于身也，不必为己。"墨子言："余力相劳，余财相分。"此理想之经济制度也。墨子言："选天下之贤可者立以为天子。"《礼运》讥"禹汤之大人世及"。荀子言："上贤使之为三公，次贤使之为诸侯。"《射义》言："天子以射选诸侯卿大夫，射中则得为诸侯。"此理想之政治制度也。"明堂"以为下听之资，《孝经》

明"谏净"之义，所以公庶治于下，以辅君人之不足，则政权不为贵族所垄断。由《礼运》言之，以选贤为"大同"而讥禹、汤、文、武世及为"小康"；则儒者之或言"师文王"，或言"乐尧、舜"，独无辨乎。《春秋》以称"文王"始，以"乐道尧、舜"终，内其国而外诸夏，内诸夏而外夷狄，由鲁而推致之，天下一家，以别三世，极于"什一兴而颂声作"，则凡儒者之术，岂不以变周之旧，而突过秦戎之治哉！殆皆以舍短取长于法家而后有是说也。老子曰："仁义，人之性欤？"于是孟子言"性善"、言"义内"，此以道家之难而后有是说也。墨子言"节用"，尹文子曰"人之情欲寡"，墨子言"非攻"，宋荣子曰"见侮不辱"，此以道家之难而为是说也。善乎伍非百氏之言曰：诸子皆以道家之说，乃益进而求之内心。慎子以"块不失道而缘不得已"以言法，申子以"唯无为可以规之"以言术。"国之利器，不可以示人"，遂为君人南面之秘，此又法家之取于道家也。儒家以激于道，而极其说于"性善"；以激于法，而极其说于"颂声作"。墨家滞于有而暗于鬼，终不离东夷之教。道与法一沦于虚、一滞于物。卓哉！惟儒者诚诸夏中道之教，视百家为深远也。

　儒、法为周、秦新旧两民族代谢之思潮，楚以道家之说错其间，并峙而为三，一现实，一神秘，一适衷于二者之间，形成哲学上之三大系统。墨以东夷之族，于周为近，儒齐其政不易其宜，墨蔽于兼而不知别，一于尚同，则儒墨之小异而大同也。非惟哲学为然也，于史亦然。"晋之《乘》，楚之《梼杌》，鲁之《春秋》。"法家崇功利，说舜、禹同篡窃；儒、墨敦礼让，说汤、武为圣智；楚人好鬼神，称虞、夏皆灵怪。三方言史，皆失其真。然则三方于史文多托古，于治术多改制耶！稽之古地，自有以见开化之后先，衡之古官，自有以见演进之踪迹。先民之发展，要必始于东海之滨，而子史经籍不记也。有之，惟纬书本于燕、齐阴阳家邹衍之流，则阴阳家为东方之前期文化，具有海洋性之文化，故所传为最先之历史，为滨海之历史。儒、墨者，东方后期之文化，所传为后期之历史也。马迁言："驺衍作怪迂之变，终始大圣之篇，其语闳大不经，然要其归，必止乎仁义节俭，君臣上下六亲之施。"仁义者，儒、墨、阴阳之所同，节俭者，墨与阴阳家之所同，仁义固东方学术之坊表也。东方文化之中心，前期在齐为海洋，而后期在鲁也。名家由"刑名"而出，所以析疑剖异，曰"坚白离"，此赵人公孙龙子北方之宗也。曰"坚白盈"，此鲁人墨翟东方之宗也。庄生齐物，则南方之宗也。此六家者，周秦学术之卓卓者也。墨分为三，苦获、已齿、邓陵子之属，南方之墨者也；祁射子，东方墨者也；唐姑梁，秦之墨者也：此墨之为三。孟子言昔者"子夏、子游、子张皆有圣人之一体"，荀卿言"子夏氏之贱儒、子游氏之贱儒、子张氏之贱儒"，此亦最初之儒分三乎？子夏居西河，则北方之儒；子张居陈，则南方之儒；荀卿曰："以为仲尼、子游，为兹厚于后世，子思倡之，孟轲和之。"（以意引）是以孟子为子游东方之儒也，此儒之先分为三而后分为八也。逮秦之盛，而道家最显，司马谈言道家"因阴阳之大顺，采儒、墨之善，撮名、法之要，与时迁移，应物变化"。杂家者，即以道家为宗者也。秦为政于天下，治夺于法家，而汉袭之。《吕氏春秋》出，学依于道家，而《淮南子》承之。诸夏之政总于戎索，国沦于异族，教绌于异端，而三代之绪斩矣。孟子曰"不嗜杀人者能一之"，而天下卒并于上首功之秦。孟子又曰："由今之道，无变今之俗，虽与之天下，不能一朝居也。"此正秦之所以败欤！秦起五岭之戍五十万，长城之戍四十余万，骊山、阿房之役各七十余万，则已竭天下之兵，杀天下之强；田租、口赋二十倍于古，徙天下豪富于咸阳，则以夺天下之财；秦惟日以贫弱天下以自富强，税民深者为明吏，杀人众者为功臣，大卜不堪，而秦为遂亡也。则秦惟知所以为国，而不知所以为天下。汉承秦，损刑薄赋清静宁一以为治，而民安之。法家之取道家也，惟得其南面之术；汉之承秦也，则知矫之以无为之治。此秦汉同异之故，而得失之所由系欤！汉世道与法并行，则几于儒家无过不及之

中。儒者执道一而制法平也。孟子以道家"仁义人之性
欤"之问，而为性善、义内之说。孟子言性也，而实以
心为本，卒之以本心、放心之说对峙不相胜。统血气、
心知以为性，自必统放心、本心以言心也；而荀子性恶
之说生焉。荀虽说性恶，而实亦言心。《解蔽》称《道
经》曰："人心之危，道心之微。"杂人、道于一心，
主于"道之以理，养之以清"，"辟耳目之欲，远蚊虻
之声"，以归于"虚壹而静，谓之大清明"。则荀之入
于道家，邻乎庄生"死灰槁木"之旨，以辅其儒术而反
思、孟。荀卿每称仲尼、子弓。是子弓者，正楚人之馯
臂子弓，而传《易》者也。诸子书惟荀卿每引《易》，
正此故耳。其曰："当时则动，物至而应，事起而辨，
故治乱可否，昭然明矣。"荀子言虚、言静，于是庶物
明，人伦察，而仁义立。此又荀出于道家而又反高于庄
周之徒者也。荀言性也，而曰"心不可劫而使易意，是
之则受，非之则辞"，则又以意为言心之本。卿又曰：
"心不可以不知道。"又曰："不稍顷干之胸中，物至
而应。"以心、知、意、物四者并言。及乎《大学》，
遂亟论是四者，而以诚意为主。又以"如好好色，如恶
恶臭"申之，以释荀而救孟。陈义已极乎精审，虽阳明
不是过也。由《中庸》《乐记》《系辞》以至乎《大
学》，而儒者内圣之学，已融道家而取其英华，以阐明
孔氏之道也。孟子曰："城郭不完，兵甲不多，非国之

灾也。田野不辟，货财不聚，非国之害也。上无礼，下无学，贼民兴，丧无日矣。"以儒家之仁义，破法家农战。而曰"为政不难，不得罪于巨室"，曰"所谓故国者，非有乔木之谓也，有世臣之谓也"，是终不离乎贵族政治以为言。及乎公羊子"讥世卿"，则已取法家之说以辅儒者之不足。《王制》一篇，尤为祖述孟子，而别为一王之法，以明新周之制。孟子以"无父""无君"毁杨墨，及《礼运》已显取墨子选天子诸义，而訾大人之世及，抑六君子而独赞尧舜。是由《王制》以至乎《礼运》，而儒者外王之法，已融法家、墨家而取其英华，以补绽孔氏之制也。而井田、学校、明堂、封禅、巡狩、选举诸事遂井井可说也。孟子主于"老者衣帛食肉，黎民不饥不寒"。其卒也，儒者发为《公羊》家之新井田制。何休之说，与班固同，其理想之农村，已尽乎美善。自宋之《吕氏乡约》，及乎《元史·食货志》著陈遂、张文谦之所建白，若犹未极其致也。由民族之错综，极乎学术之争鸣，相激相荡，以成此灿烂之儒学。然后知一民族之爱其文化，百折而不挠，他山攻错，不过翻足以增彪炳而已。

《公羊传》宣十五年《解诂》曰：

> 夫饥寒并至，虽尧舜躬化，不能使野无寇盗。贫富兼并，虽皋陶制法，不能使强不凌弱。是故圣人制井田之法而

口分之，一夫一妇受田百亩，以养父母妻子。五口为一家，公田十亩，即所谓什一而税也。庐舍二亩半，凡为田一顷十二亩半，八家而九顷，共为一井田，故曰井田。庐舍在内，贵人也。公田次之，重公也。私田在外。井田之义，一曰无泄地气，二曰无费一家，三曰同风俗，四曰合巧拙，五曰通财货。因井田以为市，故俗语曰市井。种谷不得种一谷，以备灾害。田中不得有树以妨五谷。环庐种桑获杂菜，畜五母鸡、两母豕，瓜果种疆畔。女工蚕织，老者得衣帛焉，得食肉焉，死者得葬焉。多于五口，名曰余夫。余夫，以率受田二十五亩。十井共出兵车一乘。司空谨别田之高下善恶，分为三品，上田一岁一垦，中田二岁一垦，下田三岁一垦，肥饶不得独乐，硗埆不得独苦，故三年一换土易居。财均力平，兵车素定，是谓均民力、强国家。在田曰庐，在邑曰里，一里八十户。八家共一巷，中里为校室，选其耆老有高德者名曰父老，其有辩护伉健者为里正，皆受倍田，得乘马。父老比三老孝弟官属，里正比庶人在官之吏。民春夏出田，秋冬入保城郭。田作之时，父老及里正旦开门坐塾上，晏出后时者不得出，莫不持樵者不得入。五谷毕入，民皆居宅，里正趋缉绩。男女同巷，相从夜绩，至于夜中。故女工一月，得四十五日作。从十月尽正月止。男女有所怨恨，相从而歌，饥者歌其食，劳者歌其事。男年六十、女年五十无子者，官衣食之，使之民间求诗。乡移于邑，邑移于国，国以闻于天子，故王者不出牖户尽知天下所苦，不下堂而知四方。十月事讫，父老教于校室。八岁者学小学，十五者学大学。其有秀者移于乡学，乡学之秀者移于庠，庠之秀者移于国学。学于小学，诸侯岁贡小学之秀者于天子。学于大学，其有秀者，命曰进士。行同而能偶，别之以射，然后爵之。士以才能进取，君以考功授官。三年耕，余一年之畜；九年耕，余三年之积；三十年耕，有十年之储。虽遇唐尧之水、殷汤之旱，民无近忧，四海之内莫不乐其业，故曰颂声作矣。

《公羊》家述井田，如彼其精密宏美，三代之隆，未能至也。夫周为贵贱之悬殊，秦为贫富之复隔，而此以井田去兼并，则贫富之等夷矣。周为助、彻并行，独彻者任兵入学，此悉为助法，则贵贱之等夷矣。由乡村制度，以及乎选天子、选诸侯之政治制度，周悉靡遗，此所谓新周一王大法，非周、非秦，而王鲁之说出，孔氏为素王也。

《公羊》家言："《春秋》改周之文，从殷之质。……王者起所以必改质文者，为承衰乱、救人之失也。天道本下，亲亲而质省，地道敬上，尊尊而文烦。故王者始起，先本天道以治天下，质而亲亲。及其衰敝，其失也亲亲而不尊。故后王起，法地道以治天下，文而尊尊。及其衰敝，其失也尊尊而不亲。故复反之于质也。"（《公羊传》桓十一年《解诂》）寻文质之义，是再而复，继周之必于殷也。而《白虎通义·三教篇》曰："王者设三教何？承衰救弊，欲民反正道也。三王之有失，故立三教以相指授。夏人之王教以忠，其失野，救野之失莫如敬。殷人之王教以敬，其失鬼，救鬼之失莫如文。周人之王教以文，其失薄，救薄之失莫如忠。继周尚黑，制与夏同。三者如顺连环，周而复始，穷而反本。"是又三而复之义也。再而复、三而复之说不并容，则继周之宜从殷抑从夏，其事之相格亦明矣。是可以无说乎？窃谓此正儒家左右采获诸子之迹也。儒之道，《礼运》之说，此采于墨家者也。"墨子背周道而用夏政"，曰"非禹之道也，不足谓墨"，则继周法夏者，儒家取墨家之义而为之辞，此三而复之说也。"商君内刻刀锯之刑，步过六尺者有罚，弃灰于道者被刑。"（《集解》引《新序》）《韩非子·内储说上》言："殷之法，刑弃灰于街者。子贡以为重，问仲尼。仲尼曰：'……弃灰于街必掩人，掩人，人必怒，怒则斗，斗必三族相残也。此残三族之道也，虽刑之可也。'"是商君之法，谓是殷法，而三族亦殷法也。《荀子·正名》曰："刑名从商，爵名从周，文名从礼。"是法家三晋之人，自谓"法殷"。儒者取法家之义而为之辞，曰改周从殷，此再而复之说也。儒家鉴周之弊，而酌取法家之治，于是为小康，又酌取墨家之治，于是为大同。而曰：春秋起于衰乱，始为据乱世，继为升平世，则小康也；卒之为太平世，则大同也。法殷、法夏之说不并立，于是为三世之说以调之。而史之三世，与经之三世，说未必相丽也，是经之微言，而儒者之极致也。惜哉！儒以厄于当时君臣有威权势力者，隐其书而不宣，惟资口说以流行而义日以晦，且大滋人疑。于是有守小康之说而折大同者，曰彼为齐学，而自以为鲁学。齐学者薄人之词，齐学摈而儒者之事狭也。其终也，又并小康之说而抑之，曰彼为今文，而此为古文。今文者，薄人之词，今文摈则微言永绝，哲学衰而所存者仅黯淡之史文耳。遗理想而专事考订，绝不一言及于治道，自古学之徒倡之，学拘于章句而儒为无用也。贾生尚知仁义之训、封建之说以过秦、挈儒法之短长，仲舒而后，于是明堂、辟雍、巡狩之事皆幽冥而莫知其原，无论今古学家，皆规规于章句之末，先王经世之志、改制之详，暗而不彰。苏代谓燕王哙曰："人称尧舜贤者，以其能让天下也。今王让国于子之，是王与尧同名也。"大同、选贤禅让之说，盛于战国之时，称尧舜者以禅位，故梁惠王欲让国于惠施，秦孝公欲让国于商鞅，逊国大同之说，犹盛于时。《说苑》言："秦始皇既吞天下，乃召群臣而议曰：'五帝禅贤，三王世及，孰是？将为之。'鲍白令之对曰：'天下官，则让贤，天下家，则世继，故五帝以天下为官，三王以天下为家。'始皇曰：'吾德出于五帝，吾将官天下。'鲍白令之曰：'陛下行桀纣之道，所谓自营仅存之主，何暇比德五帝哉？'"此正秦人自谓德兼三皇、功过五帝事也。而鲍白令之詈始皇不能让贤。侯生谓始皇曰："古之明王，食足以饱，衣足以暖，宫室足以处，舆马足以行，故上不见弃于天，下不见弃于黔首。尧茅茨不剪，采椽不斫，土阶三等，而乐终生者，以其文采之少而质素之多也。""陛下能若尧、禹乎？"此主节用，文符墨子称尧禹。又曰："禹立诽谤之木，欲以知过也。""今天下畏罪持禄，莫敢尽忠，上不闻过而日骄。"此诤谏之义也。始皇谓"今乃诽谤我，多为妖言以乱黔首"，乃除四百六十余人皆坑之。扶苏谏曰："诸生皆诵法孔子。"知于东方之士，上欲明大同让贤之事，次之明诤谏、节用之义，遂召坑儒之祸。《始皇本纪》称淳于越言："殷周之王千余岁，封子弟功臣自为枝辅，今陛下有海内，而子弟为匹夫。"此欲明小康封建之事。李斯谓："越言乃三代之事，何足法也。今诸生不师今而学古，以非毁当世，惑乱黔首，道古以害今，饰虚言以乱实，人善其所私学，以非上之所建立，人闻令下，各以其学议之，如此弗禁，则主势降乎上，党与成乎下，禁之便。""敢偶语《诗》《书》者弃市，以古非今者族。"则儒固以欲明小康封建之事，持东方之学以议秦政，而召焚书之祸，斯谓"道古以害今，饰虚言以乱实"，岂即谓儒者颂述古事皆为虚饰、为先师改作之制乎！戎狄之族，一旦得逞于中夏，遂毁我文化，谓三代不足法，侮我先哲，谓功过于五帝，燔先代之籍，而钳学者之口，典献无征，微言永绝，邹鲁三代之道之仅存者，渐渍于北方儒宗之异派而止耳。国亡于异族，而文教亦坠，种族之祸，其烈乃至是哉！汉沿于秦，儒者固尝推论明堂、辟雍之制，明下听于民之义，欲俾天子父事三老、兄事五更，布令明堂，献俘、谳囚于太学，与天下共之。而赵绾、王臧以议立明堂死，河间献王以对三雍宫废。迄于中叶，儒者于辟雍、封禅、巡狩之仪，皆幽冥而莫知其原，学困于章句而微言永绝。秦汉之世，固三代文教之一挫折。儒屈于法家，中夏之教绝，而戎狄之化行之时也。

昔余在解梁，究心秦事及其制度，于周秦民族、文化之同异，略知其故也。及客金陵，以儿君哲生之嘱，写为此篇，已付手民，惟以自惭简略，未可以示人，索还改正，遂弃置簏间，淹迟累岁。后居析津，乃取篇之前半，条分缕述，阅二载稍就。去秋返蓉，复订其阙误，成《周秦民族史》，以代讲疏。印校既竣，复视之，犹未能自洽，盖造述之难也。而此作旧稿，则以随首都沦陷，付之灰尘，每自念及，懑愤徒深。近于朱少滨先生处探寻别稿，则此昔时校印底纸依然宛在，不胜喜慰，爰持归稍加点定，附于《周秦民族史》，权当《叙言》。拟再就篇之后半，加以研索，条别而详陈之，顺续前书以为下卷。回忆七八年来，舟车南北，此篇未尝不在行箧。今者旧游之地悉已沦为蛇豕之域，君子怀猿鹤之悲，小人雁虫沙之虐，思之心碎，言之眦裂，儒冠鲜用，投笔何补。一载以来，深自刻厉，于民族之故，补缀稍完；而思想一端则已写有《汉儒之学源于孟子考》，有《儒家哲学思想之发展》，有《非常异义之政治学说》及《解难》，则言儒家政治思想之发展者也，有《墨学三派及来源》，有《秦之社会》诸文，皆属下卷之事。并《中国史学史稿》，及他之杂述，合十四五万言，其是其非，诚不暇计。方此外患日烈，如火如荼，书生致命，力仅此耳。虽时或手倦神疲，未敢休止，讵谓有禅，但自奋也。念此篇昔随国都以俱沉，今复得之于意外，莽莽九围，其亦并此而俱复？泣涕涟涟，伫立以俟。此篇属稿之初，偕友人王税尘君同在白下，每得一义，辄相往复。自后税尘于役长城，于役晋南，于役滕县。噫！奇男子也。余校此方竟，而税尘适又归自战地，来余斋，可异亦可记也。此篇之作，已七八年，言既省略，条章未理，以须详说，此不复改。

芦沟战役周年前二十日文通识于锦城

——本文略作于1933年，选自巴蜀书社1993年版《古族甄微》

秦民族与战士

秦据周之旧京以兴，岐豳之郊，于昔为礼乐德教所从出，秦来居之，已杂戎狄之俗：先暴戾后仁义，诸夏摈之，风化盖一蹶不振。未及百年，与昔遂异。秦者，殆新起异族而侵逼诸夏者耶！申侯曰："昔我先郦山之女，为戎胥轩妻，生中潏，在西戎，保西垂。"张寿王治黄帝《调历》，言："骊山女为天子，在殷周间。"（见《汉书·律历志》）斯固西垂种落之豪，与柏翳、中衍之胤不涉。申侯者，古《竹书》纪褒姒之祸，太子奔西申者，是明非中国之申，即《范汉书》所言，宣王伐申戎，则中潏之母系为戎耶？胥轩曰戎，斯中潏之父系亦戎耶？中潏生蜚廉，蜚廉生恶来，次季胜。季胜之后造父者，献骅骝、骤耳之乘，驭穆王以西征。于古《竹书》曰："北唐之君来见，以一骊马，是生骤耳。"此《周书·王会》所谓"北唐之戎以间"者耶！季胜、造父为北唐之戎恶来之后，非子邑之秦，其为戎不疑。公羊子曰："秦者夷也，匿嫡之名也。"何休说："嫡子生不以名，令于四境，择勇猛者而立之。"穀梁子曰："狄，秦也，乱人子女之教，无男女之别。"而商君曰："始秦戎狄之教，父子无别，同室而居，今我为其男女之别。"《管子》称"秦戎"足据也。方西周之季，夷裔之俘，整居焦濩，侵镐及方，至于泾阳，而诸夏盖已东徙。故郑人曰："昔商人与我先君桓公皆出自周，艾杀此地，斩之蓬蒿藜藋而共处之。"幽王之世，郑先徙济洛河颖之间。申缯祸起鄷镐，又虚中国而灭于异族始于是。秦人东向而趋伐戎，至岐，灭荡氏，伐彭戏，县邦、冀，取小虢，丰王、亳王并为丑虏。禾黍兴衰，河山以西则沦为异域。大荔、义渠蹩蹀泾、漆，绵诸、翟獂蹢躅陇首，秦之四宇，莫非戎狄。景、襄、文之世，杂诸戎以东略，共为气类，何假推征。秦既窮逼群丑，饮马于河，而狄遂唐突河内，侵灭卫、邢。齐桓城负夏、中牟遏其锋，以西临周、郑，晋文既启南阳，狂寇又枭张东肆于商、鲁，而渭汭之戎渐居伊洛，入我畿甸，逼我诸姬。西周之末、春秋之初，诚一戎夏徙逐之会也。于是关中神明奥区，忽焉风雅道熄，鞠为犬羊之乡，驯至黄炎之胄，终亡于异族之秦。由余戎虏，悍然以《诗》《书》《礼》法度为中国所以乱。上阻法度以责下，下以仁义怨于上，上下交争，篡弑灭宗，未若戎夷之政为真圣人之治，则被发之人乃訾章甫其后。商鞅劝孝公燔《诗》《书》、明法令，卒之祸极于坑焚。诚以夷夏非同，文野乖隔，秦既得意而殷周旧物泯灭以尽，则国亡于异族而文教亦不能自存。鲁连曰："彼秦者，弃礼义而上首功，权使其士，虏使其民，彼即肆然而为帝，过而为政于天下，则连有蹈东海而死耳，吾不忍为之民也。"先德明贤祖述之五教，秦人视之为六虱，鲁连之愿蹈东海者，岂徒国社兴亡之悲，殆实种族文化之痛。秦之政异于姬周、六国之教者何堪缕数，而贫富阶级之兴，斯为较然大端。班固言："秦开阡陌，王制遂灭，僭差无度，庶人之富者累巨万，而贫者食糟糠。"崔实言："秦堕坏法度，尊奖兼并之人，于是上家累巨亿之赀，斥地侔封君之土，下户踦蹰，无所跱足，及父子低首奴事富人，躬率妻孥为之服役。"贫富悬殊乃至此极，奴隶制度于兹以成。《王莽传》言："秦置奴婢之市，与牛马同阑（古通栏）。"则奴婢复得卖买。然秦人固抑工商末业，故商君于"事末利及怠而贫者举以为收孥"。始皇亦发诸贾人及尝有市籍者以北攻胡貉、南攻扬粤，则富民谅非商贾。《商君书》言："富贵之家必出于兵，故民闻战而相贺。"知富民者惟兵耳！《荀子》言："五甲首而隶五家。"《通典》引吴氏曰："秦制：战得甲首益田宅，五甲首而隶五家，兼并之患自此起。民田多者以千亩为畔，无复限制。"杨倞《荀子注》亦谓："获得五甲首，则隶役乡里之五家。"则秦之富民非战士莫属。董仲舒曰："秦用商君之法，除井田，民得买卖，富者田连阡陌，贫者无立锥之地。或耕豪民之田，见税什五，故贫者或衣牛马之衣、食犬彘之食，邑有人君之尊，里有公侯之富，小民安得不困。"开阡陌者，非谓破坏沟洫，盖废除夫田之制耳！《商君书·徕民篇》言："夫秦之所患者，兴兵而伐则国家贫，安居而农则敌得休息。今以故秦事敌（兵），新民作本（农），兵虽百宿于外，境内不失须臾之时。今以草茅之地徕三晋之民而使之事本，此反行两登之计也。"则故秦之民任战士即富民，新徕之民力耕为农夫则奴役。《韩非子》云："商君之法，斩一首者赐爵一级，欲为官者为五十石之官，斩二首爵二级，欲为官者为百石之官。"参诸五甲首而隶五家之说，信富贵之家之皆出于兵也。秦爵二十级，刘劭《爵制》言："在军其帅人皆更卒也，有功赐爵则在军吏之例。"又曰："八爵为公乘，吏民爵不得过公乘，得贳与子若同产。然则公乘者，军吏爵之最高者也。自左庶长以上至大庶长，皆卿大夫，是军将也，所将则庶人更卒。"明斩首过八级以往，贳子若同产，虽功多不得为五大夫以为限制，战士阶级斯为最高。然三晋新徕之民世为农夫，为特殊之农奴阶级耶？是又不然，秦于诸侯之士来归者，复之三世，无知军事，则三世之后农夫亦得为战士。夫秦尝奖富民而惩贫惰也，其怠而贫者举为收孥。既奖富而专山泽之利，管山林之饶，入刍藁，头会箕敛，其反抑商贾者何哉？曰：此秦所由与山东之国异政之大者也。秦与山东之国莫不并力于富强，秦之政，法家之术，皆耕以为富、战以为强。山东之国，劝商贾以为富，尊游侠以为强。史公称齐俗怯于公战、勇于持刺。秦则俾民勇于公战、怯于私斗。持刺私斗，谓游侠也。勇公战、怯私斗则势重在国家，怯公战、勇私斗则势重在私门。励农本则重归于国，劝商贾则重归于民。此秦之政法家之术，所以贱商贾、抑游侠而急农战以为富强者耶！此韩非私家与公民之说也。此商君民强国弱、国强民弱之说也。秦以公民之国与山东私家之国斗，其所以禽六王而一区宇者，岂偶然哉！则又何疑于秦之励富而抑商贾末业，斯固与励强而抑剑客事无二致。山东尚游侠则有游侠之道，漆雕之不色挠不目逃，行曲则违于臧获，行直则怒于诸侯，此游侠之一道也。孟施舍以量敌虑胜为怯，以无惧为勇，勇固不必胜，故视不胜犹胜也。庆忌之勇，筋骨果劲，万人莫当。而要离无力，迎风则僵，负风则伏，其将刺庆忌，则曰士患不勇耳，奚患不能。此又游侠武士之一道也。天怒不全日，人怨不旋踵，生往死还，不受其辱，拔剑疾视曰：彼恶敢当我哉？思以一毫挫于人，若挞之于市朝，无严诸侯，恶声必反，断胫绝脰，死而不悔，此皆山东游侠之道、勇士私斗之事也。秦则有公战无私斗，"山东之卒被甲冒胄以会战，秦人捐甲徒裎以趋敌，左挈人头，右挟生虏"。秦国之俗，"贪狼强力，寡义而趋利，可威以刑而不可化以善，可劝以赏而不可励以名"。秦民"用力劳而不休，逐敌危而不却，故国富而兵强"。山东以游侠则有游侠之风，秦人以公战则有锐士之教，此可以论秦与山东之国，其武士之道固不同耶！惟秦之坏私家而植公民，故"民有二男以上不分异者倍其赋"。故贾谊言："秦人家富子壮则出分，家贫子壮则出赘。借父耰鉏，虑有德色，母取箕帚，立而谇语，抱哺其子，与公并倨，妇姑不相悦，则反唇而相稽。其慈子耆利，不同禽兽者亡几耳！"此皆秦之以国家政治破家族政治，所由振于一世者也。乃至"与戎狄同俗，贪戾好利而无信，不识礼义德行，苟有利焉，不顾亲戚（谓父母）兄弟，若禽兽耳"！斯则虽雄张一时，然害义伤情，族属之间，生人之道已苦，利不足以偿其害。间尝论之，以为秦之治法家之说，为后兴民族之新规。周之政，儒者之训，为三代以来之旧度，旧者以仁惠为宗，新者以惨刻为用。西北之族入据关河之间，而遭战国兼并之巨变，遂冲击周政儒学之旧贯而代之。儒法之辨，周秦之治，即谓之新旧民族、新旧文化之争亦可也。旧坊既溃，中国皇皇，此百家所以横兴，而极世之乱欤！则儒法者，诚新陈代谢之主潮，而百家不过为余波。楚以南蛮之族挟道家之教，其为祸不逮西戎之族远甚。卒之秦以虎狼之心，贪狠暴虐，残贼天下，吞噬神乡，胡羯金元之祸固未若兹之烈也。及观于应侯之问孙卿子曰："入秦何见？"孙卿子曰："入境，观其风俗，其百姓朴，其声乐不流污，其服不挑，甚畏有司而顺，古之民也。及都邑，官府百吏肃然，莫不恭俭敦敬忠信而不楛，古之吏也。入其国，观其士大夫，出于其门，入于公门，出于公门，归于其家，无有私事也；不比周，不朋党，偶然莫不明通而公也，古之士大夫也。观其朝廷，其间听决百事不留，恬然如无治者，古之朝也。故四世有胜也，非幸也。"则秦虽羶膻之族，弃仁恩，其于道为贼，而于治为明，以之临争战不已之六国，欲其不侮乱亡、兼弱昧，岂可得哉？噫！由周秦之故观之，政治失修，武力不竞，国亡于异族而文化亦不克自全。悼昔思今，不寒已栗，邦人士其有以诲我耶！

此为前日答友人某君中国有无骑士阶级或武士道之问，今摘录其文以塞本刊编者之责促，引书未暇注明出处，文句亦未修改，阅者谅之。二十三年一月二十六日文通写于燕市。

——原载1934年2月10日《北京大学四川同乡会会刊》创刊号